Peter Breidenbach

in 30 Tagen Optimist!

Ein neues Denken braucht das Land!

Schirner Verlag

ISBN 978-3-89767-861-3

Peter Breidenbach:
In 30 Tagen Optimist!
Ein neues Denken braucht das Land!
Copyright © 2009
Schirner Verlag, Darmstadt

Umschlag: Christian Amthor,
calmar creativ GbR,
Murat Karaçay
Redaktion: Brigitte Garwisch,
Heike Wietelmann
Satz: Katja Hiller
Herstellung: Reyhani Druck & Verlag,
Darmstadt

www.schirner.com

3. Auflage 2009

Widmung

Dieses Buch widme ich

... meinen Eltern, die mir das Leben schenkten und die bis heute eine tragende Rolle in meinem Leben spielen. Ohne sie und ihre liebevolle Erziehung wäre ich heute nicht das, was ich bin – ein Optimist,

... meinen Kindern Daniel und Shari, verbunden mit der Zuversicht, dass sie das Leben optimistisch sehen und ihren Weg finden,

... aber auch allen Müttern dieser Welt, die jeden Tag mit ihrer Liebe und Fürsorge oft Unglaubliches leisten. Sie sind die Grundpfeiler unserer Gesellschaft und Vorbilder für gelebten Optimismus.

Inhalt

Vorwort

Herzlich willkommen in meinem Buch, mit dem Sie ab heute lernen, ein Optimist zu werden. Die erste Hürde haben Sie schon genommen, denn Sie haben sich zum Kauf dieses Buches entschieden. Und da denke ich ganz optimistisch: Es ist der absolut richtige Kauf zum absolut richtigen Zeitpunkt.

Wir schreiben das Frühjahr 2009, ein Zeitpunkt, an dem die Welt sich massiv verändert. Eine Krisennachricht jagt die andere. Die weltweite Finanz- und Wirtschaftskrise tangiert inzwischen fast alle wichtigen Lebensbereiche. Die Automobilindustrie erlebt den größten Umsatzeinbruch seit 1945, die Aktienkurse fallen ins Bodenlose, renommierte deutsche und ausländische Unternehmen schlingern dem Konkurs entgegen. Die Angst vor einer Massenarbeitslosigkeit geht um. Politiker und Wirtschaftsexperten scheinen ratlos. Die Konsumlaune dümpelt, die Bevölkerung ist verunsichert. Was vor uns liegt – niemand weiß es. Niemand wagt eine Zukunftsprognose. Alle stehen vor der Frage: Wie wird es weitergehen?

Bislang operieren die Experten an der falschen Stelle. Sie versuchen mit allen Mitteln, vor allem mit finanziellen, genau diese finanziellen Löcher zu stopfen, die die Krise hinterlassen hat. Dass diese Taktik auf Dauer nicht gut geht, ist wohl jedem einleuchtend.

„Probleme kann man niemals mit derselben Denkweise lösen,
durch die sie entstanden sind."
(Albert Einstein)

Wenn wir etwas verändern wollen, dann dort, wo die Veränderung herbeigeführt werden muss – an unserer inneren Einstellung, in unserem Denken, in unserem Handeln.

„Die besten Reformer, die die Welt je gesehen hat,
sind jene, die bei sich selbst anfangen."
(George Bernard Shaw)

Vielleicht haben wir die Talsohle schon durchschritten, wenn Sie dieses Buch lesen, vielleicht sind wir mitten drin oder stehen erst noch vor den großen Herausforderungen. Ich bin es auf jeden Fall leid, mich in die Phalanx der Nörgler und Pessimisten einzureihen, die alles noch schlechterreden, als es ohnehin schon ist.

„Ich kann nicht sagen, ob es besser werden wird,
wenn es anders wird.
Aber soviel kann ich sagen: Es muss anders werden, wenn es gut werden soll."
(Georg Christoph Lichtenberg)

Wir werden durch die Umstände dazu aufgefordert, uns über unsere Werte Gedanken zu machen. Zu sehr standen in den letzten Jahrzehnten die materiellen Werte im Vordergrund. Abzocker-Mentalität und rücksichtslose Finanzhaie haben eine breite Spur des Misstrauens und zerstörter Existenzen hinterlassen. Allerdings hat auch die Gier der „normalen" Menschen mit dazu beigetragen, dass es so gekommen ist, wie es jetzt ist.

„Man kann alle Leute eine Zeit lang an der Nase herumführen
und einige Leute die ganze Zeit,
aber nicht alle Leute die ganze Zeit."

(Abraham Lincoln)

Eine Ausrichtung auf die verlässlichen Werte, wie Ehrlichkeit, Zwischenmenschlichkeit, Vertrauen zueinander,
Freundschaft, Gefühle, Treue, Liebe, Verständnis usw., ist
vonnöten. Hier besteht auch die große Chance für einen
Neuanfang – im Großen wie im Kleinen.

Ende des Jahres 2008 war für mich persönlich klar, wohin
die Reise geht. Daher möchte ich meinen Beitrag leisten,
damit es den Menschen hier in diesem Land und – falls es
dazu kommt, dass dieses Buch in andere Sprachen übersetzt wird – vielen Menschen weltweit gelingt, dieser Krise
mit einem neuen Bewusstsein zu begegnen. Als Optimist
gehöre ich nicht zu den Menschen, die sich aus der Verantwortung stehlen und nichts tun. Nein – ich möchte
mit diesem Buch und einer groß angelegten Aktion dazu
beitragen, Sie in Ihrem Optimismus zu bestärken oder
Ihnen dabei zu helfen, ein positiv ausgerichteter Mensch
zu werden.

Theoretischer Teil

Was ist Optimismus?

Die ursprüngliche Bedeutung des Wortes Optimismus kommt von „optimum" (lat.: das Beste) und geht von dem Glauben aus, in der besten aller Welten zu leben. Optimismus steht daher grundsätzlich für absolute Lebensbejahung.

Die dem Optimismus entgegengesetzte Weltanschauung ist der Pessimismus.

„Ein Pessimist ist ein Mensch, der sich über schlechte Erfahrungen freut,
weil sie ihm recht geben."
(Heinz Rühmann)

In diesem Fall herrscht die Überzeugung, dass – egal, was passiert – immer alle schief gehen kann. Zu diesem Kreis gehören in erster Linie sehr rational orientierte Menschen, die bei allen Entscheidungen in viele Richtungen abwägen, dabei eine Vielzahl von Unsicherheiten erkennen und in ihr Denken integrieren. So wie es reine Zweckoptimisten gibt (ohne grundlegende Entscheidung zu ihrer Lebenshaltung), so gibt es auch Zweckpessimisten. Die häufigste Begründung ist: „Wenn ich Schlechtes erwarte oder sage, kann ich nicht enttäuscht werden."

Aufgrund unserer rationalen Ausrichtung ist es nicht verwunderlich, dass die meisten unserer Mitbürger es gewöhnt sind, in eine solche Richtung zu denken.

> „Der Optimist erklärt, dass wir in der besten
> aller möglichen Welten leben,
> und der Pessimist fürchtet, dass dies wahr ist."
> (James Branch Cabell)

Wenn Sie ein Optimist sind, dann vertrauen Sie mehr Ihren Gefühlen als Ihrem Verstand, folgen der inneren Überzeugung, dass in jeder Krise auch eine Chance steckt, eine Chance zur Veränderung, zur Neuorientierung. In der heutigen Zeit definieren wir Optimismus daher besser als den Glauben an ein gutes Ende.

Genau an dieser Schnittstelle möchte ich das Alte mit dem Neuen vereinen. Es ist wenig sinnvoll, auf der einen Seite die Umstände, in denen wir leben, schlechtzumachen und auf der anderen Seite eine pseudo-optimistische Denkart zu zeigen, die letztendlich nur auf den eigenen persönlichen – meist materiellen – Vorteil ausgerichtet ist.

> „Die Optimisten sind die Verehrer der Emotion.
> Es gibt einen Optimisten der Kraft
> und einen der Oberflächlichkeit.
> Der Erstere versteht es, den Schmerz zum Meister zu machen
> und der Letztere zum Flüchtling."
> (Friedrich Nietzsche)

Ein falsch verstandener Optimismus führt folglich zu einer oberflächlichen und gefährlichen Lebensanschauung. Gerade diese rein materiell orientierte Form war in den letzten Jahren an der Börse anzutreffen – die Spekulation auf steigende Kurse. Wohin das führt, erleben wir jetzt – und das mit verheerender globaler Wirkung.

„Niemand hat vom Leben etwas Ordentliches gelernt,
solange er nicht weiß, dass jeder Tag Gerichtstag ist."
(Ralph Waldo Emerson)

Die grundlegende Überzeugung eines Optimisten ist, dass die Umstände – so problematisch sie auch sein mögen – nicht von langer Dauer sind. Genau dieser Glaube, dass die Welt grundsätzlich gut ist und jedes Problem schon einen Lösungsansatz in sich trägt, ist die Basis für eine positive Veränderung der Gesamtsituation.

Um es vorweg zu sagen: Ich möchte Sie hier nicht dazu animieren, zu einem „Alles-ist-gut"-Redner zu werden. Nein! Zu echtem Optimismus gehört auch Realismus. Dinge oder Situationen sind, wie sie sind. So wollen wir auch nicht bedingungslos alles gut- und schönreden, denn auch unschöne Dinge gehören zum Leben dazu.

Sie können aber entscheiden, ob Sie sich von der allgemeinen Stimmung einfangen lassen, den Kopf in den Sand stecken oder einen klaren Kopf bewahren, mutige Entscheidungen treffen, innovative Ideen entwickeln und bereit sind, neue Ziele zu setzen und zukunftsorientierte Wege zu gehen.

Sie entscheiden, wie Sie Ihre Welt sehen wollen! Natürlich kann man sich nicht von heute auf morgen verändern und die Dinge in einem anderen Licht betrachten. Aber das lässt sich lernen – mit diesem Buch. In 30 Tagen können Sie sich, Ihr Leben und das Leben vieler Menschen um Sie herum positiv verändern.

Warum sind Optimisten wichtig?

Sie sind wichtig, weil Optimisten etwas bewegen, sich wohlfühlen, andere motivieren, mutig nach vorne blicken, Ideen haben und diese umsetzen, Menschen helfen und darüber hinaus für eine grundlegend gute Stimmung in unserem Land sorgen.

> „Für den Optimisten ist das Leben kein Problem, sondern bereits die Lösung."
> (Marcel Pagnol)

Nur durch optimistisches Denken können wir Krisen bewältigen. Ein aktuelles Beispiel für die Kraft des Optimismus ist der neu gewählte US-Präsident Barack Obama. Er elektrisiert mit seiner positiven Erscheinung nicht nur ein ganzes Land, sondern gibt Millionen von Menschen Hoffnung und die Kraft, wieder an sich und an Wunder zu glauben. In gleicher Weise spüren wir diese Energie, sobald wir diesen Mann sehen oder hören.

Wir brauchen solche Menschen auch hier in Deutschland. Dazu brauchen wir jedoch keine Politiker als Vorbilder! Eine solche Kraft hat jeder von uns. Es wird Zeit, dass wir aufwachen und einem neuen Denken auch in unserem Land eine Chance geben!

> „Fortschritt ist eine Verwirklichung von Utopien."
> (Oscar Wilde)

Gelingt es uns, möglichst viele unserer Mitmenschen mit unserer Idee zu erreichen, können wir eine Trendwende im Denken schaffen, die unser Land in eine positive Richtung lenkt. Und wenn Sie dieses Buch weiterempfehlen, dann kann – nein, dann wird – eine neue Generation von kreativen Denkern entstehen, die unser Land, unsere Welt wieder in eine ehrliche und gesunde Welt steuern können.

„Träumt einer allein, ist es nur ein Traum.
Träumen viele gemeinsam, ist es der Anfang
von etwas Neuem."
(Aus Brasilien)

In diesem Buch finden Sie einfache und leicht umsetzbare Lösungsansätze, wie Sie mit einer persönlichen oder globalen Krise besser umgehen können.

Wagen Sie sich in eine andere Welt und fangen Sie an zu spüren, wie Sie durch Ihre täglichen Entscheidungen dazu beitragen können, dass Prognosen nicht immer so eintreffen müssen wie vorhergesagt.

Optimisten denken anders!

Hatten Sie schon einmal das Gefühl, das Glück liege Ihnen zu Füßen? Kennen Sie das Gefühl, dass Ihnen gar nichts misslingen kann? Haben Sie schon eine Zeit erlebt, in der alles vollkommen glatt zu laufen schien? Vielleicht gab es sogar eine Zeit, in der Sie darüber erstaunt waren, wie viel Sie leisten und vollbringen konnten. Wahrscheinlich haben Sie aber auch schon Tage erlebt, an denen alles schieflief, an denen Ihnen einfach nichts gelang, an denen Ihnen Dinge, die Sie sonst im Schlaf erledigen, missraten sind.

Wo liegt der Unterschied? Sie sind doch ein und derselbe Mensch!

Warum erzielen Menschen an einem Tag Höchstleistungen und einen Tag später versagen sie kläglich? Die Lösung liegt in der persönlichen Einstellung, noch besser – im individuellen Denken.

William James, ein amerikanischer Psychologe sagte:

> „Menschliche Wesen können ihr Leben dadurch ändern, dass sie ihre geistige Einstellung ändern."

Große Persönlichkeiten haben stets betont, dass Willensstärke, Entschlusskraft und Optimismus für jede Art von Erfolg unentbehrlich sind.

Schon durch Überlieferungen aus der abendländischen Kultur ist bekannt, dass Philosophen, wie Sokrates, Aristoteles und Platon, die Wirkungsweise von Gedankenkräften auf das eigene Leben und auf die Umwelt feststellten. Auch die verschiedenen Weltreligionen bauen zum Teil auf diesen oder noch ältere philosophische Grundsätzen auf. So ist in der Bibel u. a. die Weisheit zu finden: „Was du säest, das wirst du ernten." Damit sind in erster Linie Gedanken gemeint, die entsprechende Handlungen nach sich ziehen.

„Das Glück Deines Lebens hängt von der
Beschaffenheit Deiner Gedanken ab."
(Mark Aurel)

Sie werden wahrscheinlich kaum von jemandem gehört haben, der die Kunst des Denkens studiert. Das wird gewöhnlich auch nicht an unseren Schulen gelehrt. Denken, wie wir es hier meinen, ist ein bewusster und gelenkter geistiger Vorgang, der aber gelernt und geübt werden kann, soll und muss.

„Die Kraft der Gedanken ist unsichtbar wie der Same,
aus dem ein riesiger Baum erwächst;
sie ist aber der Ursprung für die sichtbaren
Veränderungen im Leben des Menschen."
(Leo Tolstoi)

Die Auswirkung der Gedankenkräfte kann inzwischen wissenschaftlich festgestellt werden. Neben verschiedenen Messtechniken für die Wirkungsweise von Gehirnströmen (z. B. durch das EEG) gibt es andere wissenschaftliche Methoden, die weltweit immer mehr Anerkennung finden. So kann man anhand verschiedener Körpermuskeltests die Auswirkung von Gedanken am eigenen Körper sichtbar machen. Dabei handelt es sich um eine uralte Methode, die ihren Ursprung in der traditionellen chinesischen Medizin hat. Dr. George Goodheart, ein aus Detroit stammender Chiropraktiker, entwickelte Anfang der 60er-Jahre des letzten Jahrhunderts diese uralte Technik weiter, heute bekannt unter dem Namen „Kinesiologie". Diese Methode wird inzwischen weltweit in Kursen gelehrt.

„Die Berge, die es zu versetzen gilt,
sind in unserem Bewusstsein."
(Reinhold Messner)

Sicher haben Sie schon vom mentalen Training im Sport gehört. Erinnern Sie sich nur an das „Sommermärchen" der Deutschen Fußballnationalmannschaft bei der letzten WM. Die positiven Gedanken und die Begeisterung des ganzen Landes haben für ein kleines Wunder gesorgt und diese Mannschaft beflügelt. Keiner hatte dieser Mannschaft vorher wirklich etwas zugetraut.

Auch andere Sportler, wie Boris Becker, Oliver Kahn, Franz Beckenbauer, Ralf Rangnick, Heiner Brand, Maria Riesch, Britta Steffen, Steffi Graf und viele andere Spitzenathleten, schwören auf mentales Training. „Mentaltraining" ist heute im Management und im Sport Garant für Spitzenleistungen.

„Die Menschen werden nicht durch die Dinge,
die passieren, beunruhigt,
sondern durch die Gedanken darüber."
(Epikur)

Natürlich ist eine optimistische Lebenshaltung nicht der Garant dafür, immer glücklich, erfolgreich und gesund zu sein. Und doch ist diese innere Lebenseinstellung zweifellos ein überaus wichtiger Baustein für Ihr persönliches Wohlbefinden.

Der Optimist hat nachweislich mehr Glück.
Der Optimist hat mehr Ausstrahlung.
Der Optimist ist beliebt.
Der Optimist hat meistens gute Laune.
Der Optimist schafft Vertrauen.
Der Optimist macht Mut.
Der Optimist ist ein Vorbild.

Was Optimisten bewegen

Optimisten bewegen mit Ihrer grundsätzlichen Haltung nicht nur sich selbst vorwärts, sondern auch in ganz erheblichem Maß Ihre Umwelt.

Haben Sie sich schon einmal gefragt, was ein Steven Spielberg und eine Tina Turner gemeinsam haben? Was macht einen Barack Obama oder Mahatma Gandhi so faszinierend? Was unterscheidet Sie von einem Mann wie Bill Gates, dem Chef von Microsoft? Sie alle haben an sich geglaubt, unzählige Misserfolge weggesteckt und beständig gehandelt, wirksam gehandelt, um ihre Träume zu verwirklichen. Sie sind Optimisten!

> „Die Gewohnheit, alle Dinge von der Lichtseite zu betrachten, ist mehr wert, als ein Einkommen von Tausenden."
>
> (David Hume)

Nun sollten wir nicht glauben, Pessimisten könnten nichts bewegen oder seien schlecht für die Welt. Pessimisten denken nur einfach anders.

Was aber ist die eigentliche Absicht eines Pessimisten? Natürlich möchte auch er einen guten Ausgang. Nur der Konfrontation mit der vermeintlich negativen Realität möchte er vorbeugen. Ein Fluchtversuch – allerdings in die falsche Richtung. Denn still und heimlich wird auch er sich wünschen: „Hoffentlich geht doch alles gut." Damit ist er auf dem richtigen Weg. Denn wer entscheidet sich schon bewusst dafür, alles grundsätzlich schlecht zu sehen?

Also aufgepasst, Ihr Pessimisten: Ihr seid im Inneren schon auf dem richtigen Weg! Ihr seid schon Optimisten! Sagt es einfach auch. Ihr lest doch nicht zufällig dieses Buch!

„Sei selbst die Veränderung, die Du in der Welt sehen willst."
(Mahatma Gandhi)

Wir wollen als Optimisten etwas verändern. Das ist das Ziel. Um dieses Ziel zu erreichen, müssen wir lernen, die richtigen Voraussetzungen zu schaffen. Diese Ursache ist immer mentaler Natur. In der Kombination mit zielgerichtetem Handeln und Willensstärke wird Erfolg möglich.

Am Anfang eines jeden Erfolgs ist ein Gedankenimpuls, eine Idee, eine Inspiration. Wollen Sie Erfolg haben, müssen Sie an Ihren Erfolg glauben, sich wert fühlen, in Ihrem Leben wirklich erfolgreich zu sein.

Erfolg – er folgt. Wann er eintritt und ob es stets so kommt, wie gewünscht, ist nicht immer vorauszusagen. Aber Erfolg *folgt* persönlichen Eigenschaften, wie Wille, Fleiß und einer klaren Zielvorstellung.

„Das, was jemand von sich aus denkt,
bestimmt sein Schicksal."
(Mark Twain)

Wenn Sie optimistisch denken, schaffen Sie sich eine positive Zukunft, haben Sie zwangsläufig Erfolg. Doch ob es stets so kommt, wie gewünscht, ist nicht immer vorauszusagen.

Der Optimist setzt sich sinnvolle Ziele.
Der Optimist hat Ausdauer und Beharrlichkeit.
Der Optimist glaubt an seinen Erfolg.
Der Optimist sieht in Misserfolgen nur die Aufforderung,
etwas anderes zu versuchen.
Der Optimist erkennt in jeder Krise eine Chance zur Ver-
änderung.
Der Optimist sieht in Problemen sinnvolle Herausforde-
rungen zur Optimierung von Lebenssituationen.
Der Optimist übernimmt Verantwortung.

> „Verlierer denken darüber nach,
> warum etwas nicht gehen könnte.
> Gewinner denken darüber nach, wie etwas geht."
>
> (Unbekannt)

Stellen Sie sich einmal ein kleines Unternehmen vor, in
dem der Chef ein ständig nörgelnder Pessimist ist. Er mault
ständig herum, kommt schlecht gelaunt ins Geschäft,
klagt über die Wirtschaft, die Politiker und seine Kunden.
Wie motiviert werden wohl seine Mitarbeiter sein? Werden
diese gut gelaunt und fröhlich ihrem Tagewerk nachgehen?
Unvorstellbar, oder?

Ist der Chef aber ein Optimist, voller Tatendrang, voll des
Lobes über seine Mitarbeiter, sieht er in der Kundenzufrie-
denheit den wesentlichen Erfolgsfaktor und ist er darüber
hinaus noch ein Vorbild in Ehrlichkeit und Verlässlichkeit,
dann gehen seine Angestellten für ihn durchs Feuer.

Stimmt, oder? Dieses Unternehmen wird auf der Erfolgs-
welle immer oben schwimmen. Und sollte es einmal eine
wirtschaftliche Talsohle geben, wird dieses Unternehmen
nicht klagen oder jammern, sondern mit Kreativität und

Vertrauen in die eigenen Ressourcen neue Wege gehen, vielleicht eine neue Idee präsentieren oder noch intensiver am Puls der Zeit arbeiten. Ob im Unternehmen, in der Familie oder im Sport – es wird immer der gleiche Prozess sein.

Egal, an welcher Stelle – solche optimistische Menschen reißen andere mit. Sie strahlen Erfolg aus und können durch ihre positive Ausstrahlung andere motivieren, selbst erfolgreich zu werden.

Na, langsam richtig Lust auf Optimismus bekommen? Gut, dann setzen wir noch eins drauf!

Was Optimisten so anziehend macht oder warum Sie sich vom Pessimismus verabschieden sollten

„Es gibt Leute, die nur aus dem Grund in jeder Suppe ein Haar finden, weil sie, wenn sie davor sitzen, #so lange den Kopf schütteln, bis eines hineinfällt."

(Friedrich Hebbel)

Zu wem fühlen Sie sich mehr hingezogen? Zum geborenen Miesepeter, der Ihnen tagtäglich erzählt, was so alles in die Hose gehen kann? Oder zu dem Menschen, dem Partner, dem Sportverein, der Niederlagen kennt, aber immer wieder aufsteht, seine optimistische Grundhaltung bewahrt, dieses seinem Umfeld mitteilt und ganz altmodisch mit gutem Beispiel vorangeht?

Also: Sind Sie ein echter Optimist, macht Ihre positive Einstellung Sie beliebter als andere. Wo Sie auftauchen, sprühen Sie vor Lebenskraft und Ideen. Als Gesprächspartner sind Sie immer gern gesehen. Ihnen hört man zu. Ihre Meinung ist anderen wichtig. Sie finden immer eine Lösung. Sie sind der ideale Lebens- und Geschäftspartner. Sie können Menschen, ganze Gruppen begeistern. Sie haben Charisma und Selbstbewusstsein.

„Wenn ich wüsste, dass die Welt morgen untergeht, so würde ich heute noch ein Apfelbäumchen pflanzen."

(Martin Luther)

Ihre gute Laune steckt an und macht Sie einfach sympathisch. Mit Ihrer positiven Einstellung machen Sie anderen Mut, auch wenn um Sie herum die Welt zusammenbricht, Sie finden immer einen Ausweg. Ihr Vertrauen ins Leben ist vorbildlich, Sie sind der Lichtbringer einer jeden Krisensitzung. Sie bewahren Ihren Humor, auch wenn es ernst wird. Mit Ihnen an der Seite scheint immer die Sonne.

Optimist werden – das ist ganz einfach

„Versuchen wir, uns doch einmal entschieden auf
die Seite des Positiven zu stellen, in jeder Sache."
(Christian Morgenstern)

Einige Gramm Metall ergeben, richtig geformt, einen
Schlüssel. Wenn dieser in das dazu passende Schlüssel-
loch gesteckt und in eine bestimmte Richtung gedreht
wird, kann er eine schwere Tür öffnen. Ebenso können
die richtigen Gedanken und Taten Ihnen Türen öffnen,
die Ihnen vorher verschlossen waren, und zwar zu allen
materiellen, geistigen und emotionalen Schätzen, die Sie
sich nur wünschen können.

Der Schlüssel zu diesen Schätzen liegt in der Art und Weise Ihres Denkens, und es liegt an Ihnen zu entscheiden,
ob Sie diesen Schlüssel jetzt, nächstes Jahr, irgendwann
einmal oder niemals nutzen wollen.

Nehmen wir ein Beispiel: Sie treffen einen Kollegen, dem
es nicht gut geht. Der fängt kurzerhand an, Ihnen von
seinem Leid zu berichten. Er fragt nicht, ob Sie einen
Moment Zeit haben. Er legt einfach los. Sie merken sofort,
dass er sich eigentlich nur ausheulen und bei Ihnen Mitleid
erzeugen will. Sie sollen sein seelischer Mülleimer sein.
Sie können nicht Nein sagen, Sie wollen ja auch nicht
unhöflich werden, ihn vor den Kopf stoßen, als unsozial
oder unkollegial gelten – also hören Sie zu.

Als Pessimist würden Sie jetzt wahrscheinlich alles über
sich ergehen lassen, mit ihm heulen, ihn in seiner schlech-

ten Lage bestärken und dann sogar von den eigenen schlechten Erfahrungen berichten. Sie würden sich nach dem Gespräch richtig ausgelutscht und kaputt fühlen.

Als Optimist verhalten Sie sich anders. Es kann sein, dass Sie Ihr Gegenüber bitten, einen geeigneteren Moment für ein Gespräch zu finden. Falls Sie sich jedoch zum Zuhören entscheiden, werden Sie aufmerksam zuhören. Sie werden seinen Zustand ernst nehmen, Mitgefühl, aber kein Mitleid zeigen. Ihr Bewusstsein wird darauf gerichtet sein, dass es sicherlich auch für die Probleme Ihres Gegenübers eine Lösung geben wird. Also werden Sie ihn darin bestärken, dass die unangenehme Zeit bald der Vergangenheit angehören wird und gegebenenfalls die Aufmerksamkeit auf ein positives Gesprächsthema lenken, z. B. auf das Thema: „Wie ich meine Selbstheilungskräfte entwickeln kann." Sie werden ihn ermutigen, an sich und an einen guten Ausgang zu glauben. Eine solche Einstellung kann man lernen.

„An kleinen Dingen muss man sich nicht stoßen, wenn man zu großen unterwegs ist."
(Friedrich Hebbel)

Um nicht nur einen Tag lang ein Optimist zu sei, braucht es Übung. Daher sollten Sie sich täglich bewusst ausrichten. Überprüfen Sie jeden Tag, ob Sie noch Ihrer neuen, positiven Lebenseinstellung folgen. Die Umstellung braucht Zeit. Haben Sie Geduld mit sich! Gut Ding will Weile haben!

Freuen Sie sich auf die nächsten Tage und Übungen, die Ihr Leben verändern werden! Viel Spaß!

Wichtige Hinweise zum Übungsteil

Bis jetzt war alles Theorie, jetzt beginnt die Umsetzung. Beginnen Sie an jedem neuen Morgen mit einer neuen Tagesentscheidung. Diese sind so gewählt, dass sie sich ergänzen und Sie die neue Tagesentscheidung in die vorherigen einbinden können.

Ihr neues Buch begleitet Sie ab jetzt jeden Tag. Es ist der neue Freund an Ihrer Seite.

Am besten ist es, wenn Sie Ihren neuen Freund täglich bei sich haben. Er kann auf Ihrem Schreibtisch oder auf Ihrer Lieblingskommode liegen, Sie in Ihrer Handtasche begleiten, Sie beim Baden beobachten oder Ihnen beim Essen zuschauen. Er ist mit jedem Platz an Ihrer Seite zufrieden – Hauptsache, er darf in Ihrer Nähe bleiben! Ihr Freund ist ganz einfach zu behandeln, braucht nur ein wenig Zuwendung und Pflege. Behandeln Sie ihn bitte mit sauberen Händen. Auf schmutzige Pfoten steht er nicht besonders. Über ein Lächeln freut er sich immer. Ganz besonders liebt er es, wenn Sie ihm Ihre Gedanken und Gefühle anvertrauen. Dann ist er stolz auf Sie und findet Sie einfach nur großartig. Arbeiten Sie einfach gerne mit ihm!

„Kein Weg ist lang mit einem Freund an der Seite."

(Aus Japan)

Die angebotenen Übungen sind schnell und leicht umsetzbar. Wenn Sie diese konsequent durchführen, erzielen Sie in kurzer Zeit erstaunliche Ergebnisse.

Einige der Übungen sind schriftlich zu bearbeiten. Tragen Sie Ihre Gedanken in die dafür vorgesehenen Stellen ein. Am besten nehmen Sie einen Bleistift. Falls Sie Ihren Übungsteil zu einem späteren Zeitpunkt noch einmal überarbeiten wollen, können Sie somit Ihre Aufzeichnungen leichter korrigieren.

Wie oben bereits erwähnt, dürfen Sie in den nächsten 30 Tagen täglich eine neue Entscheidung treffen. Diese Entscheidung ist auch gleichzeitig Ihr Zielsatz, in der Fachsprache auch „Ziel-Affirmation" genannt. Der Begriff „Affirmation" kommt aus dem Lateinischen und bedeutet so viel wie „Bejahung, Zustimmung". Insbesondere bei mentalen Trainingsformen dienen affirmative Schlüsselsätze der Aktivierung und Vertiefung von Zielbildern. Durch die regelmäßige Wiederholung gezielt ausformulierter Sätze wird so eine nachhaltige Wirkung im Unterbewusstsein erreicht. Was ist also in der Praxis zu tun?

„Nur Beharrung führt zum Ziel."
(Friedrich von Schiller)

Um die Wirkung Ihrer Tagesentscheidung zu verstärken, sollten Sie sich Ihren positiven Zielsatz bitte mehrmals täglich bewusst machen. Schreiben Sie den entsprechenden Satz auf, hängen Sie ihn an Ihre Pinnwand oder kleben Sie ihn an einen Ort, wo Sie sich einige Male am Tag aufhalten.* Natürlich können Sie Ihren Satz auch leise oder laut sprechen, ganz wie es Ihnen beliebt.

* Hierzu eignet sich auch das ebenso im Schirner Verlag erhältliche Kartenset „In 30 Tagen Optimist – Das Kartenset", ca. 38 Karten, € 12,95, ISBN 9-783-89767-862-0

Wenn möglich, ergänzen Sie täglich Ihre Zielsätze, bis Sie am Ende eine Liste von 30 positiven Affirmationen haben. Damit sich alle Affirmationen in Ihrem Unterbewusstsein verankern können, ist es sinnvoll, jede einzelne Affirmation 21 Tage in Folge mehrfach täglich zu wiederholen. Beachten Sie bitte, dass Sie bei jedem Satz auch das entsprechende positive Gefühl entwickeln.

Falls Sie für die Umsetzung den einen oder anderen Tag mehr benötigen, dann nehmen Sie sich die Zeit! Nur keinen Stress aufbauen! Bleiben Sie ganz locker! Im Idealfall schaffen Sie das Übungsprogramm in 30 Tagen. Wenn nicht, dann dauert es ein paar Tage länger. Hauptsache, Sie bleiben am Ball!

Haben Sie nach den 30 Tagen das Gefühl, dass die eine oder andere Tagesentscheidung noch nicht ausreichend verstanden oder umgesetzt wurde, wiederholen Sie das jeweilige Kapitel. Wenn nötig, beginnen Sie noch einmal beim 1. Tag und wiederholen Sie den kompletten Übungsteil.

Wenn Sie wollen, dann beginnen Sie an einem für Sie geeigneten Tag, am besten morgens früh, frisch geduscht, mit der Sonne im Herzen, gut gelaunt, nach einem guten und gesunden Frühstück.

Praktischer Teil – Ihr 30-Tage-Programm

„In 30 Tagen Optimist!"

1. Entscheidung: „Ich bin ein Optimist!"

„Es kann sich nur etwas ändern,
wenn wir optimistisch sind."
(Carl Friedrich von Weizäcker)

Heute können Sie die Entscheidung treffen, ein Optimist zu sein.

Gestatten Sie mir ein paar Gedanken dazu, warum Entscheidungen für einen optimistisch denkenden Menschen so wichtig sind.

Machen Sie sich bewusst, dass Sie jeden Tag zig Entscheidungen treffen, manche bewusst, manche unbewusst. Vielleicht macht es Ihnen im Allgemeinen Schwierigkeiten, sich zu entscheiden. Das geht vielen so! Leider gibt es auch viele Menschen ohne Profil oder eigene Meinung, die für sich entscheiden lassen.

Klar ist: Sie sind der Entscheider! Erfolgreiche Menschen entscheiden schnell und richtig. Erfolglose Menschen entscheiden gar nicht oder lassen es zu, dass andere dies für sie tun.

Eine Entscheidung bringt Kraft und Lebensmut. Keine Entscheidung zu treffen, ist auch eine Entscheidung. In den meisten Fällen ist das allerdings die schlechteste Wahl.

Viele Menschen brauchen zunächst viele Informationen, bevor sie entscheiden können. Das mag auf der einen Seite dienlich sein, ist aber oft nur für den Verstand, die Ratio, geeignet. Der Verstand braucht Informationen. Ohne entsprechende Informationen kann er seine Aufgabe nicht erfüllen, er blockiert. Darüber hinaus braucht er die größtmögliche Sicherheit, Risiken und Unsicherheiten sind ihm zuwider. Also wägt er in alle Richtungen ab, bis ihm womöglich, eventuell, nach reiflicher Überlegung eine Option ohne Risiko erscheint. Da es einen Lebensweg ohne entsprechende Gefahren aber nicht gibt, entscheiden sich viele Menschen also lieber gar nicht. So kann ja auch nichts passieren. Kennen Sie das auch?

„Höre nicht auf die Vernunft,
wenn Du einen Traum verwirklichen willst."

(Henry Ford)

Wie sagten schon die alten Weisen: „Der Verstand ist ein guter Diener, aber ein miserabler Herr!" Hören Sie auf Ihr Gefühl, hören Sie auf Ihren Bauch! Dort werden die wirklich wesentlichen Entscheidungen In Ihrem Leben getroffen! Wagen Sie das Abenteuer und springen Sie ab und zu ins kalte Wasser! Leben Sie! Verlassen Sie sich auf Ihre innere Stimme!

„Es kommt für jeden der Augenblick
der Wahl und der Entscheidung."

(Oscar Wilde)

Alle großen Persönlichkeiten, Erfinder, Staatsmänner, Unternehmer, Philosophen, Künstler, Sportler waren so gut, weil sie oft ihrer Intuition und damit ihrer Bauchentscheidung folgten. Selbst Einstein sagte einmal: „Alles was zählt, ist die Intuition!"

Egal, woher Sie kommen – Sie entscheiden, wohin Sie in der Zukunft gehen! Sie bestimmen die Richtung! Sie haben das Steuer in der Hand! Niemand sonst! Wollen Sie in Ihrem Leben glücklich, erfolgreich und gesund werden oder bleiben? Keine Bange ...

„Die meisten großen Taten, die meisten großen Gedanken haben einen belächelnswerten Anfang."
(Albert Camus)

Wenn Sie ein gutes Gefühl dabei haben, einen neuen, optimistischen Weg zu gehen, dann sagen Sie einfach „JA"!

Ja? Entschieden? Dann los! Echter Optimismus zeichnet sich dadurch aus, dass Sie sich für eine grundlegend positive Haltung entschieden haben. Freuen Sie sich schon jetzt auf ein Leben voller kleiner und großer Wunder!

Dann halten wir doch diese Entscheidung sofort schriftlich fest. (Sehen Sie, da kommt der gelernte Jurist bei mir durch.) Nehmen Sie also einen Stift und füllen Sie den unten stehenden Vertrag aus. So wird Geist zu Materie. Machen Sie sich dabei bewusst, welche Vorteile Ihnen Ihre Entscheidung in der Zukunft bringt.

opti-Übung: Vertrag mit mir selbst

Ich, ..., entscheide über meine Zukunft.
   (Vorname, Name)

Ich entscheide mich für einen grundlegenden Lebensoptimismus.
Optimist zu sein, hat für mich folgende Vorteile:

....

....

....

Ich bin bereit, ab heute täglich meine neue Lebenseinstellung zu trainieren.

Datum, Unterschrift: ....

Danach machen Sie bitte die folgende Spiegelübung, auch wenn Sie sich dabei am Anfang etwas albern vorkommen. (Das liegt daran, dass Sie vielleicht eine solche Übung nicht gewohnt sind.)

Stellen Sie sich vor den Spiegel und schließen Sie mit sich diesen Vertrag, indem Sie sich in die Augen schauen und den obigen Text laut sprechen!

Kleiner Tipp: Lächeln Sie in den Spiegel, und seien Sie gewiss: Ihr Spiegelbild lächelt zurück. Na also, es geht doch!

„Ich bin ein Optimist!"

2. Entscheidung:
„Ich übernehme Verantwortung!"

„Freiheit bedeutet Verantwortlichkeit.
Das ist der Grund, weshalb die meisten Menschen
sich vor ihr fürchten."
(George Bernard Shaw)

Hören Sie auf zu jammern und andere für Ihr Unglück verantwortlich zu machen! Keiner kann Ihr Leben bestimmen, wenn Sie es nicht zulassen. Trennen Sie sich von der Einstellung, die augenblickliche Lage oder einen anderen Menschen für Ihr Leben verantwortlich zu machen. Sie haben die Fähigkeit, die Geschicke Ihres Lebens selbst in die Hand zu nehmen.

„Der Weg zum Ziel beginnt an dem Tag,
an dem Du die hundertprozentige
Verantwortung für Dein Tun übernimmst."
(Dante Alighieri)

Sie hatten zwar keinen Einfluss darauf, mit welchen Talenten und Fähigkeiten Sie auf die Welt gekommen sind, doch Sie bestimmen, was Sie aus diesen Eigenschaften machen. Sie gebrauchen ab heute auch nicht mehr diese törichten Floskeln, wie „Wenn ich …", „Wenn meine Eltern …", „Wenn mein Partner …", „Wenn der Staat …", „Wenn mein Chef …" usw.

Wohin hat Sie diese Einstellung gebracht? Sicherlich nicht voran! Also: Beenden Sie noch heute diese Denkweise, die Sie im Leben nicht weiterbringt. Machen Sie sich bewusst: Wer Verantwortung im Leben übernimmt, bekommt automatisch Einfluss, positive Macht. Wer Verantwortung abgibt, wird ent-machtet. So einfach ist das!

„Der Preis der Größe heißt Verantwortung.“

(Winston Churchill)

Stellen Sie sich vor, Ihr Vorgesetzter kommt auf Sie zu und bittet Sie, Verantwortung für ein Projekt zu übernehmen. Er traut es Ihnen zu, Sie sich selbst aber nicht. Sie lehnen dieses Angebot ab. Von nun an wird Ihr Chef mit größter Sicherheit nicht mehr auf Sie zukommen, sondern eine wichtige Aufgabe einem Kollegen anbieten. Sie selbst haben sich die Möglichkeit versagt, an einer Aufgabe zu wachsen. Für Ihr Unterbewusstsein, für Ihr Selbstbild ist das pures Gift! Sie fühlen sich als Versager.

Als Optimist sagen Sie: „Ja klar, natürlich!“ zu Ihrem Chef und freuen sich darauf, etwas Neues auszuprobieren oder kennenzulernen, um an der Aufgabe zu wachsen und zu reifen. Ihr Selbstvertrauen wächst, und die nächste Aufgabe wartet schon auf Sie!

Nach dem ersten Übungstag haben Sie bereits gelernt, Entscheidungen zu treffen. Damit sich das Ganze in Ihrem Unterbewusstsein nachhaltig verankert, machen Sie sich noch einmal bewusst, dass Sie bei jeder neuen Entscheidung zunächst Ihre eigene innere Stimme befragen! Nehmen Sie wahr, was Sie fühlen, wenn Sie sich in die eine oder in die andere Richtung entscheiden. Wenn Sie sich gut fühlen und Sie ein warmes Gefühl in der Magengegend spüren, dann ist das richtig. Ganz sicher!

„Menschen mit einer neuen Idee gelten so lange als Spinner,
bis sich die Sache durchgesetzt hat."
(Mark Twain)

Wenn Sie Ihre Mitmenschen um deren Meinung fragen, wird es meist viele Antworten geben. Die Ansichten sind derer viele. Sie werden dann nur verwirrt sein und treffen eventuell gar keine Entscheidung mehr. Wenn Sie schon jemanden fragen wollen, dann bitte nur diejenigen, die wirklich Ihr Bestes wollen, die Sie wirklich aufrichtig lieben und von Ihrer Entscheidung nicht selbst betroffen sind.

Sie brauchen auch keinen Wahrsager oder Kartenleger aufzusuchen. Die können nicht wirklich helfen. Bestenfalls bestätigen sie nur, was Sie ohnehin schon wissen. – Hören Sie einfach nur auf Ihr Herz! Sie haben auf alle Ihre Fragen die Antwort längst in sich. Es ist viel einfacher als Sie bislang dachten – und viel kostengünstiger!

„Demokratisches Bewusstsein der Bürger
gedeiht nur in einer Gesellschaft,
in der freie Selbstverantwortung und
gesellschaftliche Verpflichtung
in allen relevanten Bereichen gelten."
(Willy Brandt)

Übernehmen Sie Verantwortung für alle möglichen Bereiche Ihres Lebens. Dadurch lernen Sie mehr und mehr, Ihr Leben selbst zu führen und unabhängig von den Entscheidungen anderer zu werden.

Lernen Sie „Nein" zu sagen zu den Dingen, die nicht mit Ihren inneren Werten übereinstimmen.

Entscheiden Sie in der Zukunft selbst, was Sie wollen oder nicht. Das macht keiner für Sie, und es gibt auch kein Diktat von oben.

opti-Übung

Wann haben Sie bislang in Ihrem Leben die Verantwortung gerne abgegeben?

Zeitpunkt:

Privat: ....

....

....

Beruflich: ....

....

....

Wie hätten Sie in diesen Fällen Verantwortung zeigen können?

Privat: ....

....

....

Beruflich: ....

....

....

Wie und wem gegenüber können Sie in der Zukunft mehr
Verantwortung beweisen?

Privat: ....

....

....

Beruflich: ....

....

....

Welche persönlichen Vorteile haben Sie, wenn Sie selbst-
verantwortlich denken und handeln?

....

....

Tun Sie heute etwas, womit Sie Ihr Verantwortungsgefühl
für eine Situation oder einen Menschen zeigen können!

„Ich übernehme Verantwortung!"

3. Entscheidung:
„Ich sage ‚Ja' zum Leben!"

Optimismus basiert auf der grundlegenden Ansicht, dass alles, was geschieht, einen tiefen Sinn hat und eine Lösung immer möglich ist. Dabei ist es notwendig, die Umstände – mögen diese auch noch so unangenehm erscheinen – zunächst als solche zu akzeptieren.

Wie oft haben Sie schon versucht, Ihre Situation zu verändern? Schon oft? Hat das immer geklappt? Mal ehrlich, Hand aufs Herz! Wohl in den wenigsten Fällen, oder? Haben Sie sich dabei einmal gefragt, warum das so oft misslang?

Weil Sie einen wesentlichen Schritt vor der Lösung wahrscheinlich übersehen haben. Erst wenn Sie die Situation, die Sie beschäftigt, als solche verstanden und akzeptiert haben, können in der Folge lösungsorientierte Gedanken reifen. Nur so geht es! Nicht anders! Dadurch wird auch eine emotionale Negativspirale bis hin zu massiven Existenzängsten und umfassender Verunsicherung verhindert.

Sie fragen sich jetzt vielleicht: „Wie soll ich denn alles, was geschieht, verstehen können? Ich bin doch kein Allwissender!" Natürlich nicht! Das wäre auch zu viel verlangt. Doch die Umstände im Groben zu verstehen, ist leichter als Sie denken. Für die Details braucht es Übung, das ist wahr.

Was Sie zunächst brauchen, ist das Vertrauen in das Leben selbst. Die Schöpfung will Sie niemals quälen oder Ihnen schaden. Das wäre vollkommener Quatsch und würde dem Evolutionsgedanken entgegenlaufen. Selbst das Wort „Gott" kommt aus dem althochdeutschen Wortstamm „Gut". Alles hat einen tiefen Sinn, will Ihnen helfen, Ihr Leben zu leben. Alles, was Ihnen widerfährt, dient diesem Grundsatz.

„Das Leben ist schwer. Ein Grund mehr, es auf die leichte Schulter zu nehmen."
(Emil Gött)

Hören Sie auf, sich ständig als Opfer zu empfinden. Diese Einstellung zieht nur Täter an. Das muss nicht sein, vor allem nicht für einen Optimisten, wie Sie es sind! Zumal Sie sicher auch schon des Öfteren erkannt haben, dass die ursprünglich unangenehmen und häufig schwierigen Umstände die eigentliche Grundlage für einen Ihrer späteren Erfolge waren, oder? Wie häufig haben gerade diese Situationen Sie als Mensch weitergebracht, Sie reifen und wachsen lassen, Ihnen wirklich wichtige Lebenserfahrungen und Erkenntnisse gebracht. Machen Sie sich das in Ihrem Leben einmal klar. Diese Erkenntnis ist phänomenal!

> *„Die alltäglichen Aufgaben und Schwierigkeiten*
> *sind gerade die, an denen man reift."*
> (Unbekannt)

Auch eine Banken- oder Wirtschaftskrise hat ihre guten Seiten. Sie hilft den Menschen, sich den wichtigeren inneren Werten, wie Ehrlichkeit, Zuverlässigkeit, Zwischenmenschlichkeit, Liebe, Vertrauen usw., zuzuwenden. Hier liegt für alle eine große Chance, die aus der Krise führt.

> *„Der Mensch ist der Bogen, der Gedanke der Pfeil*
> *und Rechtschaffenheit das Ziel."*
> (Chinesisches Sprichwort)

Unser allseits beliebter Goethe hat uns hinterlassen: „Schon mancher hat ein schönes Haus gebaut, aus all den Steinen, die ihm andere in der Weg gelegt haben." Also – machen Sie das Beste daraus. Werten Sie nicht, urteilen Sie nicht!

Übrigens: Das Wort „Krise" kommt aus dem Griechischen und bedeutet genau übersetzt: „Wende, Chance, Entscheidung!" Immer wieder erstaunlich, was uns die Weisheit der Sprache offenbart. Sie haben in einer Krise also die Möglichkeit, etwas Wesentliches zu verändern. Denn jedes Problem trägt auch den Keim des Guten in sich. Sie können daher jede Krise als eine verkleidete Möglichkeit betrachten.

> *„Wenn Du das Leben liebst, liebt es Dich auch."*
> (Arthur Rubinstein)

Sagen Sie „Ja" zum Leben und das Leben sagt „Ja" zu Ihnen!

opti-Übung

Problematische Situation: ....

....

....

....

....

Bewusste Akzeptanz: „Alles, was geschieht, dient meinem Wohl, auch wenn ich es im Moment nicht erkenne. Ich nehme die Situation als solche einfach an!"

Damit das Problem sich löst, ändere ich meine innere Einstellung und mein Handeln:

a. Meine neue Einstellung: ....

....

....

....

....

b. Mein verändertes Handeln: ....

....

....

....

Folgende Erkenntnisse oder Erfahrungen gewinne ich dadurch:

....

....

....

....

....

Stellen Sie sich vor den Spiegel und sagen Sie mindestens 2 Minuten lang immer wieder laut zu sich: „Ja, ja, ja!"

Geht doch schon viel einfacher heute, oder?

„Ich sage ‚Ja' zum Leben!"

4. Entscheidung: „Ich denke positiv!"

„Der Gedanke ist alles. Der Gedanke ist der Anfang von allem.
Und Gedanken lassen sich lenken.
Daher ist das Wichtigste die Arbeit an den Gedanken."
(Leo Tolstoi)

Wie Tolstoi richtig sagt: Der Gedanke steht immer am Anfang. Er bestimmt Ihr Verhältnis zu sich selbst und Ihren Mitmenschen, bestimmt weitestgehend Ihre körperliche Gesundheit und Ihr Handeln.

Viele Menschen haben inzwischen erkannt, dass alles im Leben mit unseren Gedanken beginnt. Gedanken sind Kräfte, die wir nutzen sollten. Leider gibt es keine Bedienungsanleitung für richtiges Denken, die uns ein Geburtshelfer zu Beginn unseres Lebens in die Wiege legt. Auch in der Schule fehlt dieses Kapitel komplett. Dabei ist genau dieses Wissen so elementar für unser persönliches Glück.

Durch die unglaublichen Möglichkeiten unseres Denkens und die schier unerschöpflichen Kräfte unseres Unterbewusstseins können Sie grundsätzlich alle Ihre Ziele verwirklichen, Ihre Ängste besiegen, finanzielle Erfolge erzielen, Ihre Partnerschaft neu beleben, Ihre Gesundheit stabilisieren und Ihr Selbstbewusstsein insgesamt stärken.

„Das, was du heute denkst, wirst du morgen sein."
(Buddha)

Es gibt keinen Zufall im Leben. Auch wenn Sie die Zusammenhänge von Ursache und Wirkung noch nicht kennen oder noch nicht verstehen, so gibt es nichts in unserem Kosmos, was dem Zufallsprinzip unterliegt. Das Wort „Kosmos" hat einen griechischen Ursprung und bedeutet „Ordnung". In unserem Kosmos muss Ordnung herrschen, sonst regiert das Chaos.

Diese Regel gilt immer und überall. Nach dem Grundsatz: „Wie im Großen, so auch im Kleinen", sind auch unsere alltäglichen Erlebnisse der Ausdruck dieser kosmischen Gesetzmäßigkeiten. Schon Hermes Trismegistos schrieb: „Wie im Innen, so im Außen, wie oben, so unten, wie im Himmel, so auf Erden." Obwohl diese Weisheit aus der Tabula Smaragdina schon über 5000 Jahre alt ist, hat sie an Gültigkeit nichts verloren.

Unser Leben ist daher ein Spiegelbild unseres Denkens, ein Abbild unserer inneren Bilder und Vorstellungen. Selbst Einstein erkannte diese energetische Grundregel und stellte die Behauptung auf (und er war dabei stocknüchtern!):

„Gott würfelt nicht!"

Er erkannte als Wissenschaftler die Grenzen unserer materiellen Welt und die dahinter liegenden geistigen Zusammenhänge. Er wusste um den Energieerhaltungssatz von Max Planck. Folglich muss selbst Materie eine Form der Energie sein, die sich ihre jeweilige Form sucht und sichtbar wird.

Alles unterliegt ewig gültigen Energiegesetzen. Auch die Bibel bestätigt uns das, was ich Ihnen gerade deutlich machen will.

So steht in der Genesis, der biblischen Schöpfungsgeschichte: „Im Anfang was das Wort, und das Wort war bei Gott, und Gott war das Wort." (Joh. 1,1). Doch nun frage ich Sie, liebe Leser, was kommt vor dem gesprochenen Wort? Natürlich – der Gedanke! Nichts kann gesprochen werden ohne einen davor gefassten Gedanken! Logisch alles, oder? Und so verblüffend einfach!

Also halten wir fest: Alles, was existiert, ist der Ausdruck unserer Ideen, unserer Fantasie, unserer Kreativität! Schauen Sie sich um! Sie finden nichts, keine Form, die nicht ihren Ursprung in einer ursprünglichen Idee, einem Gedankenimpuls hatte. Unsere materielle Welt ist daher nichts anderes als die sichtbar gewordene Information über die Art und Weise unseres Denkens.

Sie sind der Denker in Ihrem Leben! Was Sie denken, geschieht. Schon immer! Ob Sie es wollen oder nicht! Sie schaffen mit Ihren ca. 20.000 Gedanken täglich Ihre eigene Wirklichkeit!

„Wahrheit ist die Übereinstimmung von Denken und Sein."
(Thomas von Aquin)

Das Wunderbare daran ist, dass es jederzeit in Ihrer Macht, an Ihrer Entscheidung liegt, in welche Richtung Sie denken, welche Wirkungen Sie tatsächlich in Ihrem Leben realisieren wollen. Wählen Sie weise!

„An sich ist nichts weder gut noch böse,
das Denken macht es erst dazu."
(William Shakespeare)

Es gibt zwei Arten von Gedanken zu unterscheiden – positive und negative. Unser Volksmund sagt: „ Wie es in den Wald hineinruft, so schallt es heraus." Während die positiven Gedanken Erfolg, Glück und Gesundheit schaffen, bringen die negativen Krankheit, Misserfolg und Not. Dadurch, dass Sie lernen, Ihre Gedanken zu ordnen und in eine positive Richtung zu lenken, können Sie sich selbst, Ihre Umstände, Ihre finanziellen Verhältnisse, Ihre Gesundheit und so manches mehr optimieren.

Denken Sie daher ab jetzt positiv. Denken Sie aufbauend, selbstbewusst, lösungsorientiert – einfach optimistisch!

Auf unserer Webseite www.optimisten-fuer-deutschland.de haben Sie die Möglichkeit, Ihre optimistischen Gedanken noch zusätzlich zu trainieren.

opti-Übung

Beobachten Sie Ihre Gedanken heute genauer. Halten Sie mehrmals am Tag inne und prüfen Sie einfach, was Sie denken. Sie sind der Gedankenarchitekt! Sie können jeden Gedanken verändern, jeden Gedanken ins Positive umformen. Erwischen Sie sich bei einem negativen Gedanken, bauen Sie ihn sofort so um, dass Sie sich dabei gut fühlen.

Finden Sie einen sogenannten „Anker", der Ihnen hilft, kurz innezuhalten und Ihr Denken zu überprüfen. Ein solcher Anker kann der Glockenschlag einer Uhr, das Klingeln des Telefons, der Blick in einen Spiegel, ein bestimmtes Armband, ein Wort, oder ganz einfach Ihr neues Optimistenbuch sein – auf jeden Fall irgendetwas, was Sie mit Optimismus verbinden und Sie mehrmals am Tag in den Zustand der Erinnerung bringt.

„Ich denke positiv!"

5. Entscheidung: „Ich bin wertvoll!"

Obwohl wir als kleine Sieger geboren werden und von Haus aus Optimisten sind, verlieren wir in Laufe des Lebens diese positive Einstellung.

Woher kommt das? Warum plagen uns heute so oft Selbstzweifel, Ängste, Unsicherheiten? Was hat dazu geführt, dass wir das Vertrauen in unsere Stärken verloren haben, dass wir vorschnell die Flinte ins Korn werfen und dass Probleme uns aus der Bahn bringen?

Wenn der Mensch geboren wird, hat er seine größte Prüfung – seine Geburt – hinter sich gebracht. Tief im Unterbewusstsein ist diese Erfahrung als persönlicher Triumph gespeichert. Dieses Gewinner-Bewusstsein geht im Laufe der Kindheit aber mehr und mehr verloren. Zu oft haben wir Kritik, Tadel und negative Reaktionen auf unsere Verhaltensweisen erfahren. Das hat im Laufe unseres Lebens unser Selbstbild negativ beeinflusst. Die Folgen sind oft fatal, weil sie uns ein Leben lang anhaften.

Zudem sind wir dazu erzogen worden, normal zu sein, bloß nicht aufzufallen. Das Ergebnis: Wir wollen anderen alles recht machen, deren Wünsche erfüllen und uns „lieb Kind" machen. Und das alles für ein wenig Hoffnung auf Anerkennung und Zuneigung. Oft ein hoher Preis! Wir sind dabei, uns selbst zu verlieren.

> „Wer in die Fußstapfen anderer tritt,
> hinterlässt selbst keine Spuren."
>
> (Che Guevara)

Bleiben Sie bei sich, bei Ihren Stärken und Schwächen! Sie haben ein Recht, auf der Welt zu sein! Leben Sie Ihr Leben und nicht das eines anderen Menschen, dessen Leben Sie niemals leben können.

Seien Sie ehrlich zu sich und anderen! Seien Sie authentisch! Dann können sich auch andere auf Sie verlassen. Was Sie sagen, das meinen Sie auch! Sie stehen zu Ihren Gefühlen, Ihren Überzeugungen. Lügen sind Ihnen zuwider! Sie leben als Optimist nach dem Grundsatz: „Lieber mit der Wahrheit fallen, als mit der Lüge siegen!"

„Wer die Wahrheit sagt,
wird früher oder später dabei ertappt."
(Oscar Wilde)

Haben Sie ein positives Bild von sich und Ihren Mitmenschen, dann ist das schon die halbe Miete.

Fertigen Sie einfach eine Liste an, mit der Sie sich alle Ihre positiven Eigenschaften, Talente und Fähigkeiten bewusst machen. Hören Sie nicht auf, bevor Sie mindestens zwanzig positive Punkte in die unten stehende Liste eingetragen haben. Und machen Sie sich bitte eines – und das ist sehr wichtig!!! – bewusst: Sie dürfen gut über sich selbst denken!

Vergessen Sie diese wirklich dummen Sprüchen wie „Eigenlob stinkt!" oder „Nimm Dich nicht so wichtig!" Diese Sätze haben sicherlich keine Menschen zu Ihnen gesagt, die wirklich selbstbewusst oder ein Vorbild an Lebensoptimismus waren. Oder?

„Wer sich selbst treu bleiben will,
kann nicht immer anderen treu bleiben."
(Christian Morgenstern)

Zu gerne versuchen andere, Sie kleinzumachen, damit sie selber größer erscheinen. Lassen Sie sich das nicht mehr gefallen! Nie wieder!

Machen Sie als Optimist genau das Gegenteil! Entdecken Sie auch bei anderen deren jeweilige Stärken, erwischen Sie Ihre Mitmenschen dabei, dass sie etwas richtig machen und ... loben Sie diese dafür! Lob ist die seelische Lohntüte!

Auch die Kirche predigt uns: „Liebe Deinen Nächsten wie Dich selbst!" Na, sehen Sie, Sie haben sogar Gottes Segen für Ihre neue Einstellung. Sie dürfen sich lieben, gut über sich denken! Ist doch genial, oder?

„Zu sein, was wir sind, und zu werden,
was wir werden wollen,
ist der einzige Sinn des Lebens."
(Robert Louis Stevenson)

Also, gleich die Liste ausfüllen, an einen schönen Platz legen oder aufhängen und in den nächsten Tagen immer wieder bewusst machen, welch wunderbarer Mensch Sie sind. Und wenn Sie Lust haben, fertigen Sie gleich noch eine Liste an für Ihre Liebsten, in denen all die Eigenschaften stehen, die Sie an ihnen lieben und schätzen.

opti-Übung

Nehmen Sie sich ein Stück Papier, einen Stift und ca. 20-30 Minuten Zeit.
Fertigen Sie eine Liste an mit mindestens zehn, am besten mit 20 Ihrer positivsten Eigenschaften, Talenten oder Fähigkeiten. Sie müssen darin kein Meister sein oder sich immer so verhalten.

Beispiel: Auch wenn Sie manchmal Ihrem Ärger Luft machen, aber grundsätzlich gelassen auf Alltagssituationen reagieren, können Sie „Gelassenheit" als positive Eigenschaft in Ihre Liste aufnehmen.

Meine positiven Eigenschaften, Talente oder Fähigkeiten sind:

1. ....

2. ....

3. ....

4. ....

5. ....

6. ....

7. ....

8. ....

9. ....

10. ....

11. ....

12. ....

13. ....

14. ....

15. ....

16. ....

17. ....

18. ....

19. ....

20. ....

Aus der Gesamtheit Ihrer Persönlichkeit ergibt sich das Außergewöhnliche, das Einmalige, das, was Sie in dieser Welt so wertvoll macht.

Hängen Sie Ihre fertige Liste an einen Spiegel und lesen Sie sich diese zweimal täglich laut vor. Machen Sie diese Leseübung ab heute jeden Tag!

„Ich bin wertvoll!"

6. Entscheidung:
„Ich bin ein Glückskind!"

„Wer an das Glück glaubt, der hat Glück."
(Friedrich Hebbel)

Glück ist oft ein Begleitumstand eines Lebensmoments. Sie fühlen sich glücklich, wenn etwas Schönes in Ihrem Leben geschieht. Oft ist dieses Glücksgefühl nur von kurzer Dauer. Läuft alles wie am Schnürchen, erleben Sie Anerkennung im Beruf, ernten Sie Lob von Ihrem Partner, feiern Sie mit Freunden ein berauschendes Fest, erfahren Sie Liebe oder genießen Sie einen wunderschönen Tag in der Natur, werden Sie Mutter oder Vater – dann haben Sie solche Glücksmomente.

„Das große Glück ist wie ein Mosaik:
ein Werk aus vielen kleinen bunten Steinen."
(Unbekannt)

Bricht die Welt aber um uns herum zusammen – oft handelt es sich dabei nur um Teilbereiche unseres Lebens –, ist das Glücksgefühl von einem Moment auf den anderen verschwunden. „Warum nur?", fragen wir uns. Die Antwort: Weil wir diese Momente nur zu oft von den äußeren Umständen abhängig machen. Deshalb!

„Glücklich ist nicht, wer anderen zuvorkommt,
sondern wer sich selbst dafür hält."
(Lucius Annaeus Seneca)

Wir beurteilen einen Lebensumstand oft voreilig, bewerten eine Situation als Unglück, obwohl wir nicht wissen, was sich daraus noch entwickelt. Nicht sehr weise!

Mancher scheinbar verkorkste Urlaub entpuppte sich später als Reise ins Glück, vielleicht weil Sie am letzten Tag direkt in die Arme Ihres Traumpartners stolperten. Manche plötzliche Entlassung und Arbeitslosigkeit war der Impuls für eine grandiose Karriere als Selbstständiger.

Eugen Roth, der bekannte deutsche Lyriker, sagte einmal:

> „Und der Mensch, der schaut zurück und erkennt,
> sein Unglück war sein Glück."

Vergessen Sie dabei nie, sich am Glück anderer zu erfreuen, denn daran erkennen Sie, dass es Glück wirklich gibt. Sie laden dann Glück auch zu sich ein!

Also: Glück ist viel mehr als die Reaktion auf einen Lebensumstand. Glück ist das Resultat einer glückbringenden Lebenseinstellung. Glück ist kein Produkt des Zufalls, es ist die Folge richtigen Denkens und Handelns. Schon ein altes Sprichwort sagt: „Jeder ist seines Glückes Schmied."

Auch interessant: Das Wort Glück kommt ursprünglich von den Verben „glücken, gelingen". Folglich erfährt derjenige Glück, dem es gelingt, auch widrige Umstände mit einer optimistischen Zielausrichtung zu meistern oder ihnen wenigstens etwas Gutes abzugewinnen.

„Inmitten von Schwierigkeiten
liegen günstige Gelegenheiten."
(Albert Einstein)

Wahres Glück findet der Mensch nur im Inneren, nicht in
den äußeren Umständen. Sagen Sie einfach „Ja" zu sich,
zu den Umständen, zum Leben, und Sie haben das Geheimnis des Glücks gefunden. Jede Ablehnung erzeugt inneres
Leid und ein Gefühl von Unglücklich-Sein.

„Einen glücklichen Menschen zu finden
ist besser als eine Fünfpfundnote.
Er ist der Inbegriff strahlender Freundlichkeit,
und wenn er den Raum betritt, so scheint es,
als wäre noch ein Licht angezündet worden."
(Robert Louis Stevenson)

Sind Sie selbst bereit für das Glück, fühlen sich wert,
glücklich zu sein, schaffen Sie die Voraussetzung für genau dieses Lebensgefühl. So ist Glück Ihr Dauerbegleiter.
Und nur so!

Freuen Sie sich auf Ihre „Glücksübung"!

opti-Übung

Finden Sie einen Umstand oder einen Menschen, mit dem Sie momentan nicht wirklich glücklich sind. Schreiben Sie den Namen oder ein kurzes Stichwort in die entsprechende Rubrik.

Partnerschaft:

....

....

Familie:

....

....

Beruf:

....

....

Kollegen:

....

....

Freunde:

....

....

Eigene Persönlichkeit:

....

....

Erzeugen Sie tief in sich ein großes leuchtendes „JA", das Sie nun auf diese Situation projizieren. Hüllen Sie die Situation oder die Person in dieses „JA" ein. Sehen und fühlen Sie dabei, wie sich die unglückliche Situation verwandelt und wie es zu einer glücklichen Lösung kommt.

Strahlen Sie heute so oft wie möglich dieses große „JA" aus – gerade in Lebenslagen, die schwierig sind – und lassen Sie sich überraschen, was geschieht.

„Ich bin ein Glückskind!"

7. Entscheidung:
„Ich finde immer eine Lösung!"

Mögen Sie Probleme? Blöde Frage, oder? Wer mag schon Schwierigkeiten in seinem Leben haben? Wahrscheinlich keiner. Doch das ist genau der Grund, warum es vielen schlecht geht. Sie haben einfach eine falsche Einstellung zu den Herausforderungen im Leben. Ein Leben ohne Probleme wäre wie eine Schule ohne Unterricht – sinnlos.

> „Die Lotosblume entspringt aus dem Schlamm."
>
> (Chinesisches Weisheit)

Wie langweilig wäre unser Dasein, wenn wir nicht ab und zu eine Aufgabe bekämen, die uns herausfordert. Wie könnten wir denn da wachsen und in der Persönlichkeit reifen?

Auch in diesem Fall hilft uns die Weisheit der Sprache: „Problem" heißt Pro-blem nicht „Contra-blem". Eine Aufgabe, die FÜR Sie da ist, nicht gegen Sie! Nehmen Sie das Leben sportlich!

Stellen Sie sich vor, Sie spielen Schach und Ihr Gegner ist so schwach, dass Sie schon nach ein paar Zügen gewonnen haben. Vielleicht macht es Ihr Gegner Ihnen auch noch leicht zu gewinnen. Und dieses Spiel wiederholt sich ein paar Mal. Wie lange würde Ihnen dieses Spiel Spaß machen? Richtig – wahrscheinlich gar nicht!

Ihnen fehlt die Herausforderung, eine enge Situation, die Sie dazu bringt, über Lösungswege nachzudenken. Machen Sie sich klar: Alles, was Sie fordert, fördert Sie!

Schachmatt gibt es im Spiel des Lebens nicht. Im Leben gibt es immer einen Ausweg! Finden Sie ihn! Vertrauen Sie darauf, dass in dem Moment der Problementstehung auch schon eine Lösung da ist. Hören Sie auf Ihr Inneres, es hat schon einen Lösungsweg parat. Ganz sicher!

„Man muss ins Gelingen verliebt sein, nicht ins Scheitern."
(Ernst Bloch)

Leben Sie nach dem Motto: „Wenn mir das Leben eine Zitrone beschert, mache ich eine Limonade daraus!" Finden Sie eine Lösung! Seien Sie erfinderisch und kreativ! Die menschliche Fantasie kennt keine Grenzen!

Hier zwei einfache Beispiele:

1. Sie sind arbeitslos geworden

Das ist oft ein dramatischer Einschnitt im Leben. Ganz klar. Aber es liegt an Ihnen, ob Sie jetzt den Kopf in den Sand stecken (dann knirschen Sie morgen mit den Zähnen) oder sich fragen: „Was will das Leben jetzt von mir? Welche Entscheidung soll ich treffen?" In diesem Fall könnte es eine Lösung sein, dass Sie sich zunächst auf Ihre Talente besinnen und sich fragen, wo diese jetzt gebraucht werden.

Finden Sie Ihre Berufung, eine Tätigkeit, die Sie begeistert. Hören Sie auf, etwas zu tun, was Ihnen keinen Spaß macht. Bieten Sie Ihr Können an. Gehen Sie auf Unternehmen zu oder machen Sie sich selbständig. Prüfen Sie, welcher Weg für Sie der richtige ist. Treffen Sie mutige Entscheidungen. Treten Sie als Optimist auf!

2. Ihr Partner hat Sie verlassen

Ganz übel! Da kann man in ein richtiges Loch fallen. Das passiert. Doch auch hier entscheiden Sie, ob und wie lange Sie in dem Loch unten liegen bleiben.

Es liegt nur an Ihnen. Sie können dem Selbstmitleid verfallen oder Ihren Selbstzweifel besiegen. Hallo – Sie sind ein wertvoller Mensch! Also raus aus dem Loch! Auch Sie haben es verdient, eine glückliche Partnerschaft zu führen. Irgendwo da draußen wartet der richtige Partner auf Sie! Sie müssen nur von sich selbst überzeugt sein. Sie müssen an sich und an die Liebe glauben! Lieben Sie sich selbst und die Liebe kommt auf Sie zu. Lassen Sie die alte Partnerschaft los und freuen Sie sich auf die nächste. Meine Großmutter sagte früher einmal: „Jedes Töpfchen hat sein Deckelchen!" Wie recht sie hatte! Weise, die alte Dame! Ich habe ihr vertraut, Sie dürfen es auch.

Sicher, es gibt noch viel dramatischere Situationen im Leben: der Verlust eines Angehörigen, eine schwere Krankheit, ein Unfall, ein Konkurs, eine schwere Behinderung. Wir wollen hier nicht alles schönreden und es uns zu einfach machen. Natürlich sind das Probleme, die Großes von Ihnen verlangen, die Sie an Ihre Grenzen bringen. Und doch können Sie auch an diesen Situationen wachsen, wie viele Menschen schon vor Ihnen. Was andere geschafft haben, ist auch für Sie möglich. Für jeden!

> „Was uns den Weg verlegt, bringt uns voran."
> (Chinesisches Sprichwort)

Oft bedarf es dabei einer völligen Umstellung des Denkens, Fühlens und Handelns. Doch es gibt viele Beispiele dafür, dass erst durch den Verlust neues Leben entstand, dass scheinbar unheilbar kranke Menschen plötzlich wieder gesundeten, dass Menschen mit einer Behinderung Großartiges geschaffen und geschafft haben. Woran liegt das? Ja, richtig, das wissen Sie ja schon – an der Art und Weise ihres Denkens. Na ja, Wiederholung bringt Vertiefung! Sehen Sie, wieder das Beste daraus gemacht. Also zurück zum Thema:

„Wer ständig über seine Sorgen brütet,
dem schlüpfen sie aus."
(Deutsche Volksweisheit)

Es liegt nicht an der Größe der Probleme, es liegt an der Größe der Menschen, wie sie mit der jeweiligen Situation umgehen. Manche liegen schon am Boden bei den kleinsten Unannehmlichkeiten, andere wiederum machen aus allem das Beste. Optimisten halt! Und freuen Sie sich, Sie gehören dazu!

-Übung

Mein Problem: ....

Meine Lösung: ....

Was tun Sie heute, um Ihrer Lösung näher zu kommen?

....

....

Setzen Sie ein optimistisches Zeichen!

„Ich finde immer eine Lösung!"

8. Entscheidung:
„Ich schaue nach vorn!"

Was ist eine der schwierigsten Aufgaben im Leben? Ja, richtig – das Loslassen!

> „Die Gelassenheit ist eine anmutige Form des Selbstbewusstseins."
>
> (Marie von Ebner-Eschenbach)

Wir leben in einer Welt, die einem ständigen Wandel unterworfen ist. Die Veränderung ist dabei die einzige wirkliche Konstante.

Annehmen und Loslassen gehören zu den zentralen Themen unseres Lebens. Ständig sind wir diesem Prinzip unterworfen. Das wird mit jedem unserer Atemzüge deutlich – ein ständiges Aufnehmen und Loslassen, vom ersten Atemzug an bis zum letzten, kurz vor dem Tod. Wir müssen ständig etwas verabschieden, müssen bereit sein für etwas Neues.

> „Scherben sollte man noch am Abend wegräumen, damit man sich am Morgen nicht mehr daran schneiden kann."
>
> (Unbekannt)

Beginnen Sie einen neuen Tag nicht mit den Scherben von gestern! Bereinigen Sie jeden Tag durch die sogenannte „Psychohygiene". Was Sie dafür tun müssen, erfahren Sie im Folgenden.

Führen Sie diese Übung jeden Abend durch. Sie schlafen entspannter, träumen besser und fühlen sich am nächsten Morgen frisch und ausgeruht.

„Die Basis einer gesunden Ordnung ist
ein großer Papierkorb."
(Kurt Tucholsky)

Zum Loslassen gehören neben alten Gewohnheiten, überholten Ansichten, überflüssigen Ängsten, seelischen Verletzungen und überholten geistigen Einstellungen auch – gerade sehr aktuell – Geld und Aktienwerte.

In unserer besitzorientierten und materiell ausgerichteten Welt haben wir uns an unseren äußeren Reichtum und Luxus so gewöhnt, dass es schwerfällt, auf das eine oder andere tatsächlich zu verzichten. Zu gern und zu schnell hat sich jeder Mensch an einen gewissen Lebensstandard gewöhnt. Das Gefühl von Sicherheit ist damit eng verknüpft.

Doch die Zeit – noch besser: das Leben – lehrt uns, dass diese Sicherheit allzu oft auf sehr wackeligen Beinen steht. In dieser schnelllebigen Welt kann all dies rasch – oft von heute auf morgen – verlorengehen. Das wünsche ich keinem von uns, und doch stelle ich Ihnen die Frage: Sind Sie auf einen solchen Moment vorbereitet? Wenn ja, dann ist das gut. Wenn nein, dann genießen Sie Ihren äußeren Reichtum, solange er zu Ihnen gehört. Seien Sie Optimist, aber seien Sie auch auf den Moment vorbereitet, in dem etwas Unvorhergesehenes in Ihr Leben tritt. Geld, Aktienwerte, Besitztümer aller Art sind nur allzu vergänglich, oft nur von kurzer Dauer.

Oft wiegen sie so schwer, dass sie sogar zu einer Belastung werden können und mit einem großen materiellen und persönlichen Aufwand erhalten werden müssen. Dann dient Ihnen der Besitz nicht mehr, sondern Sie dienen dem

Besitz. Das versucht gerade die Politik, und keiner weiß, wohin das führt.

Gerade die Besitzgier hat viele Menschen inzwischen durch die Finanzkrise an den Rand des Ruins getrieben. Das sollte allen eine Lehre sein!

„Unglückliche Menschen trauern dem Glück von gestern nach und erhoffen es für morgen. Glückliche Menschen finden das kleine Glück heute.“

(Rainer Haak)

Wir werden durch die veränderte Welt aufgefordert, uns auf uns selbst zu besinnen. Und nun frage ich Sie: „Was ist denn wirklich wichtig im Leben?“

Äußere Werte können beruhigen, das ist sicher. Einen Menschen wirklich glücklich machen, das können sie in den wenigsten Fällen. Ansonsten wären reiche Menschen immer glücklich und hätten weder Partner- noch Drogen- oder Alkoholprobleme.

„Leben: Lerne aus der Vergangenheit, träume von der Zukunft und lebe in der Gegenwart.“

(Sören Kierkegaard)

Machen Sie sich bewusst: Sie sind nackt zur Welt ge- kommen, am Ende Ihres Lebens werden Sie nackt wieder gehen. Was Ihnen letztendlich bleibt, sind Ihre inneren Werte, Ihr inneres Vermögen, Ihr erworbenes Wissen, Ihre seelische und geistige Reife. Das ist der wahre Reichtum. Wahrlich vermögend ist der Mensch, der etwas vermag, et- was bewegen kann. Ansonsten sind Sie nur reich. Wirklich vermögend ist der Optimist!

Als Optimist sind Sie in der Lage, die größte Krise zu meistern ohne unterzugehen. Sie verlassen sich auf Ihre Fähigkeiten, schauen nach vorn und tauchen aus der tiefsten Tiefe wieder auf wie ein Phönix aus der Asche. Beruhigend, oder?

 -Übung

Bereinigen Sie Ihren Tag durch die sogenannte „Tages-rückschau"!
(Psychohygiene-Übung)

1. Fragen Sie sich spätestens am Abend, was Sie gut oder weniger gut gemacht haben.

2. Für das Gelungene loben Sie sich!

3. Wenn es etwas zu verbessern gilt, dann klären Sie für sich, was Sie hätten tun können, damit der Umstand für Sie erfolgreich verlaufen wäre.

4. Danach erleben Sie den zu verbessernden Umstand noch einmal gedanklich und gefühlsmäßig so durch, als hätten Sie ihn erfolgreich gemeistert. Durch dieses „imaginäre Erfolgserlebnis" programmieren Sie Ihr Unterbewusstsein ins Positive um.

Diesen Ablauf müssen Sie immer komplett durchführen, ansonsten bewirken Sie genau das Gegenteil!

Beispiel:

Sie fahren morgens seelenruhig zur Arbeit. Kurz vor Ihrer Arbeitsstelle nimmt Ihnen ein anderer Autofahrer die Vorfahrt. Sie legen eine Vollbremsung hin und können um Haaresbreite einen Unfall vermeiden. Sie ärgern sich maßlos über die Rücksichtslosigkeit des anderen und bombardieren/überschütten diesen Verkehrsrowdy mit all den Schimpfwörtern, die Sie auf Lager haben. Im Geschäft machen Sie Ihrem Ärger Luft, was nicht unbedingt zu einem guten Betriebsklima beiträgt. Am Abend wärmen Sie die Geschichte im Kreise Ihrer Liebsten wieder auf. Sie wundern sich darüber, dass Sie den ganzen Tag verspannt sind und seit einigen Stunden Kopfschmerzen haben.

1. Nun setzen Sie sich hin, lassen den Tag Revue passieren und fragen sich, was Sie gut und was weniger gut gemacht haben.

2. Zuerst loben Sie sich für alles, was Sie im Laufe des Tages gut gemacht haben.
Das können positive Verhaltensweisen, richtige Entscheidungen, ein persönlicher Erfolg, eine wichtige Erkenntnis oder eine bedeutungsvolle Erfahrung sein.

3. Bei Ihrer Tagesanalyse erkennen Sie auch, dass Sie durch die ärgerliche Situation am Morgen den ganzen Tag über nicht mehr in Ihrer Mitte waren. Sie ließen sich sogar zu Reaktionen hinreißen, die Ihnen grundsätzlich fremd sind. Einige Kollegen waren den ganzen Tag genervt von Ihnen. Vermutlich rühren sogar die Verspannungen und die Kopfschmerzen vom morgendlichen Erlebnis her.
Sie fragen sich jetzt, ob und wie Sie anders und besser hätten reagieren können.

Ihnen wird nun klar, dass Sie nur durch Ihre schnelle Reaktion einen Unfall mit allen unangenehmen Folgen vermeiden konnten. Die Schimpftiraden waren völlig überzogen. Sie hätten über Ihre Reaktionsschnelligkeit froh sein müssen. Weiter erkennen Sie, dass jeder Fehler macht und der andere Verkehrsteilnehmer Ihnen sicherlich nicht absichtlich die Vorfahrt genommen hat.

4. Nun erleben Sie die morgendliche Situation noch einmal gedanklich und emotional so durch, als ob Sie entsprechend souverän und verständnisvoll reagiert hätten.

Sie sehen sich folglich noch einmal von zu Hause abfahren, bleiben ruhig und sicher, als ein anderes Auto Ihnen die Vorfahrt nimmt, sind begeistert über Ihre Reaktionsschnelligkeit und glücklich über den glimpflichen Ausgang des Beinahe-Unfalls. Sie fühlen sich wohl, sind stolz auf Ihre innere Haltung und erzählen jedem, der es wirklich (!) wissen will, wie souverän Sie sich heute Morgen verhalten haben. (Imaginäres Erfolgserlebnis)

Wahrscheinlich werden Sie während dieser Übung sogar die Kopfschmerzen und die Verspannungen vergessen.

Finden Sie heute Zeit zum Entsorgen. Werfen Sie alten Müll weg. Räumen Sie vor allem Ihren Keller auf. Der Keller steht symbolisch für Ihr Unterbewusstsein! Entfernen Sie daher alles Überflüssige aus Ihrem Keller und damit aus Ihrer Vergangenheit!

„Ich schaue nach vorn!"

9. Entscheidung:
„Ich folge meiner inneren Stimme!"

„Das Große ist nicht, dies oder das zu sein,
sondern man selbst zu sein."
(Sören Kierkegaard)

Wie oft haben Sie das Gefühl, irgendetwas tun zu müssen, was Sie gar nicht wirklich wollen?
Wie oft sagen Sie „Ja" zu etwas, das Ihnen widerstrebt?
Wie oft halten Sie sich mit Ihrer Meinung zurück, um nicht aufzufallen?
Wie oft fragen Sie sich, wie viel Sie noch tun müssen, um Liebe und Anerkennung zu bekommen?

Merken Sie etwas? Vielleicht gehören auch Sie noch zu den Menschen, die sich für die anderen verbiegen, um geliebt zu werden.

„Wer mit dem Strom schwimmt, erreicht das Ziel nie."
(Peter Tille)

Als Optimist verbiegen Sie sich nicht. Sie stehen zu Ihrer Meinung, auch wenn nur wenige damit einverstanden sind. Sie sind aber auch bereit, jederzeit zu prüfen, ob Ihr Gefühl noch stimmt. So können Sie flexibel auf jede Situation reagieren und Ihre Meinung verändern – sofern sie mit Ihrem Bauchgefühl konform geht.

Leben Sie nicht nach dem Motto „Quadratisch, praktisch, gut!". Tun Sie mehr und mehr nur das, was Sie wirklich wollen, etwas, bei dem Sie sich gut fühlen. Es ist Ihr Leben!

Sie sind als Original zur Welt gekommen, lassen Sie es nicht zu, dass Sie als Billigkopie wieder gehen! Das klingt hart, ist aber so. Wenn Sie tun, was man von Ihnen verlangt, dann fehlt niemand, wenn Sie weg sind, weil ein anderer Ihre Rolle übernimmt.

„Gehe Du Deinen Weg und lass die Leute reden."
(Dante Alighieri)

Wer sind Sie? Sie sind wer! Sie sind ein einmaliges Wesen, niemand ist wie Sie, keiner lebt und liebt wie Sie, keiner hat die gleichen Fingerabdrücke, das gleiche Aussehen wie Sie. Keiner denkt und fühlt wie Sie! Sie sind hier auf dieser Welt, um Ihr Leben zu leben! Sie haben eine Aufgabe! Ja, Sie haben richtig gelesen! Es geht darum, IHR Leben zu leben, nicht das eines anderen! Das geht nicht und wäre auch nicht gut!

„Ziel des Lebens ist Selbstentwicklung.
Das eigene Wesen völlig zur Entfaltung zu bringen,
das ist unsere Bestimmung."
(Oscar Wilde)

Ja, ich weiß, das klingt wie eine Aufforderung zum Egoismus. Nicht ganz. Richtig ist, dass Sie einen gesunden Egoismus brauchen, um in Ihrem Leben etwas zu bewirken. Sie sollen nicht zum Egozentriker mutieren, Sie sollen nur mehr auf Ihre eigenen Bedürfnisse hören, Ihre Überzeugungen vertreten. Dazu gehört auch, einmal „Nein" zu sagen.

> „Nichts ist schwerer und erfordert mehr Charakter,
> als sich im offenen Gegensatz zu seiner Zeit
> zu befinden und zu sagen: Nein!"
>
> (Kurt Tucholsky)

Sie müssen nicht tun, was man von Ihnen verlangt. Wenn Sie einen anderen Menschen lieben, dann sollten Sie ihm das geben, was er braucht, nicht immer das, was er will. Das kann ein himmelweiter Unterschied sein.

Wenn Ihr schulpflichtiges Kind von Ihnen verlangt, dass Sie die Hausaufgaben machen, damit es spielen kann, werden Sie als verantwortungsbewusster und liebevoller Elternteil „Nein" sagen, weil Sie um die Konsequenzen für Ihr Kind wissen. Prüfen Sie daher auch bei anderen, was Sie geben wollen oder nicht. Aber bitte: Geben Sie sich selbst niemals (!) auf! Bleiben Sie immer so, dass Sie vor sich selbst bestehen können!

opti-Übung

Prüfen Sie Ihre momentanen Umstände. Wo sind Sie noch ein „Ja-Sager", obwohl Ihnen eigentlich etwas gegen den Strich geht?

Nehmen Sie eine solche Situation heraus. Schließen Sie für einige Momente die Augen und stellen Sie sich vor, wie Sie das nächste Mal in einer vergleichbaren Situation den Mut haben, Ihrem Herz zu folgen und einfach „Nein" sagen – und das ohne Aggression oder Groll, sondern ganz natürlich, ganz selbstbewusst, ganz ruhig und gelassen.

Üben Sie das „Nein" indem Sie sich vorstellen, Sie haben einen Menschen vor sich, zu dem Sie einfach „Nein!" sagen. Machen Sie diese Übung so lange, bis Sie sich dabei ruhig und gelassen fühlen.

„Ich folge meiner inneren Stimme!"

10. Entscheidung: „Ich bin motiviert!"

Sie können nicht immer gut drauf sein. Das kann keiner. Auch eine Rose kann nicht jeden Tag blühen. Aber Miesepeter haben wenige Freunde und machen sich das Leben selbst schwer. Schlechte Laune bringt keinen weiter.

Sie haben sich für den Optimisten entschieden – damit für mehr Lebensfreude, Glück und Erfolg. Dieses hängt im Wesentlichen davon ab, wie Sie sich täglich neu motivieren können. Was wäre denn, wenn Sie gleich morgens voller Lust und Tatendrang aus den Federn springen würden und mit Ihrer positiven Lebenseinstellung auch für andere ein Vorbild wären? Hört sich das gut an?

> „Lust und Liebe sind die Fittiche zu großen Taten."
>
> (Goethe)

Okay? Mit Lebenslust und Liebe im Gepäck! Dann los! Beginnen Sie jeden Morgen mit einem „Danke". Machen Sie sich bewusst, wie viele Gründe Sie haben, dankbar zu sein – wirklich dankbar! Wir leben immer noch unter Bedingungen, von denen viele unserer Menschenbrüder nur träumen können.

Im „Gedanken" steckt das Wort „danken". Zufällig? Nein! Die Weisheit der Sprache ist wie so oft auch hier ein Wegweiser zur den Ursprüngen unserer Lebenskultur.

> „Wir denken selten an das, was wir haben,
> aber immer an das, was uns fehlt."
>
> (Arthur Schopenhauer)

Wir haben – Gott sei Dank! – Frieden in diesem Land, brauchen uns um unser Leben nicht sonderlich zu sorgen, können ohne große Gefahren hingehen, wohin wir wollen, können unsere Meinung sagen, haben alle etwas zu essen und zu trinken, haben immer noch genügend Geld, um wenigstens unsere Grundbedürfnisse zu stillen. Das kann nicht jeder von sich behaupten auf diesem Erdball. Seien Sie dankbar, in dieser – unserer – Welt leben zu dürfen!

„Ganz gleich, wie beschwerlich das Gestern war, stets kannst Du im Heute von neuem beginnen."
(Buddha)

Bereiten Sie sich optimal auf Ihren Tag vor. Jeder Tag kann Ihr Tag werden!

Motivation hat – wie das Wort schon zeigt – etwas mit „Motiv" zu tun. Ein Fotograf hat ein Motiv, das er fixieren will. Er hat also ein bestimmtes Ziel, das im Fokus seiner Aufmerksamkeit steht. Fragen Sie sich schon am Morgen, wie Sie Ihren neuen Tag erleben wollen. Was wollen Sie erreichen? Wie erreichen Sie Ihre Tagesziele am besten? Stellen Sie sich den Tag in seinem idealen Ablauf vor! Sagen Sie zu sich: „Heute ist mein bester Tag!" Sie werden überrascht sein, welche großen und kleinen Wunder passieren.

„Wie oft verglimmen die gewaltigsten Kräfte, weil kein Wind sie anbläst."
(Jeremias Gotthelf)

Öffnen Sie Ihr Herz für die Musik, stellen Sie das Radio an oder legen Sie Ihre Lieblings-CD in Ihre Stereoanlage. Es gibt so wundervolle Lieder, die zu guter Laune und zum Bewegen einladen.

Frühstücken Sie in Ruhe und gönnen Sie sich frisches Obst. Verwöhnen Sie Ihren Körper auch mit gesundem Essen und ausreichend Wasser.

Führen Sie mit Ihren Angehörigen ein wirklich sinnvolles Gespräch – schon am Frühstückstisch. Ermutigen Sie sich gegenseitig, mit einer optimistischen Haltung durch den Tag zu gehen. Stecken Sie Ihre Mitmenschen mit Ihrer guten Laune an!

„In Dir muss brennen, was Du in anderen entzünden willst!"

(Augustinus)

Gehen Sie heute als „Gute-Laune-Meister" zur Arbeit! Seien Sie charmant, zuvorkommend und hilfsbereit. Begegnen Sie Ihren Mitmenschen freundlich, selbstbewusst und verteilen Sie Komplimente, sofern sie ehrlich sind.

opti-Übung

Machen Sie sich zunächst zehn Gründe bewusst, wofür Sie heute dankbar sind.
(z.B.: die Sonne scheint, ein erholsamer Schlaf, ein schöner Traum, die Anwesenheit Ihres Partners, ein erfreulicher Termin, ein gesundes Frühstück, eine warme Dusche, die Vorfreude auf die nächste Tagesentscheidung in diesem Buch, usw.)

1. ....

2. ....

3. ....

4. ....

5. ....

6. ....

7. ....

8. ....

9. ....

10. ....

Denken Sie dabei auch an Alltägliches, was Ihnen vielleicht gar nicht mehr auffällt, weil es so selbstverständlich geworden ist (z.B. Frieden in unserem Land, ausreichend zu essen und zu trinken, Ihr Arbeitsplatz, Ihr Auto, Ihre Gesundheit, Ihr persönlicher Luxus).
Im Vergleich zu einem Großteil Ihrer Menschenbrüder leben Sie unter sehr komfortablen Bedingungen!

Fragen Sie sich: Was wollen Sie heute erreichen? Wie erreichen Sie Ihre Tagesziele am besten? Stellen Sie sich den Tag in seinem idealen Ablauf vor! Sagen Sie zu sich heute immer wieder: „Heute ist mein bester Tag!"

Hören Sie heute Morgen Musik, die Ihnen gute Laune macht!

„Ich bin motiviert!"

11. Entscheidung:
„Ich weiß, was ich will!"

„Wer sein Ziel nicht kennt, kann seinen Weg nicht finden."
Das sagten schon die alten Weisen im Mittelalter. Und
Recht hatten sie! Nur wer zielt, kann treffen.

Wissen Sie eigentlich, dass nur drei Prozent der Deutschen
ein klares Ziel haben? Unfassbar, oder? Und dann wundern
wir uns, dass so wenige Ihre Ziele erreichen!? Ein Optimist
weiß, was er will!

„Niemand weiß, wie weit seine Kräfte gehen,
bis er sie versucht hat."
(Johann Wolfgang von Goethe)

Machen Sie sich klar, was Sie in Ihrem Leben erreichen
wollen. Fangen Sie zunächst an zu träumen und stellen Sie
sich vor, Sie können alles erreichen – wirklich alles.

Nehmen Sie Ihre Träume ernst, aus ihnen entstehen Ziele.
Erfassen Sie dabei alle Lebensbereiche: Ihre Partnerschaft,
Ihre berufliche Tätigkeit, Ihre Hobbys, Ihre Gesundheit,
Ihre spirituelle Entwicklung. Trauen Sie sich alles zu!
„Nichts ist unmöglich", sagt uns die Werbung einer be-
kannten Automarke.

„Wenn der Mensch sich etwas vornimmt,
so ist ihm mehr möglich als man glaubt."
(Johann Heinrich Pestalozzi)

Was Sie denken können, kann Wirklichkeit werden. Man muss nur wissen, wie! Aber das wissen Sie ja schon. Also weiter ...

Ein Ziel ist etwas, was Sie erreichen wollen. Sie! Nicht Ihr Partner, Ihre Freunde oder Ihre Eltern! Ihr Leben kann keiner führen!

Klären Sie dabei, ob Ihnen ein Ziel am Herzen liegt, ob Sie es wirklich erreichen wollen. Spüren Sie keine Kraft, keine Begeisterung oder Freude, ist Ihr Ziel nicht zu erreichen. Finden Sie in diesem Fall das Ziel, das bei Ihnen ein inneres Verlangen entfacht. Auch ein Motor braucht Benzin, sonst bleibt er stehen.

> „Dem weht kein Wind, der keinen Hafen hat,
> nach dem er segelt."
> (Michel de Montaigne)

Je genauer Sie Ihr Ziel definieren, je konkreter Sie Ihr Ziel vor Augen haben, desto wahrscheinlicher ist die Verwirklichung.

Geben Sie Ihrem Ziel Sinn! Erst dann erleben Sie die wahre Kraft der Motivation, ansonsten bleibt Ihr Ziel sinn-los.

Einen Sinn geben Sie Ihrer Richtung, wenn Sie sich darüber klar sind, welchen Nutzen und Vorteil Sie und andere davon haben, wenn Sie Ihr Ziel erreichen. Dieses könnte für Sie persönlich mehr Selbstvertrauen, mehr Ausstrahlung, mehr Anerkennung usw. sein, für Ihre Mitmenschen jedwede Hilfestellung, Erleichterung, Erkenntnis, Erfahrung oder bestimmte Entwicklungsschritte.

Wenn Ihr Ziel dazu beiträgt, dass andere sich besser fühlen, dann reden wir von einem wirklich sinnvollen Ziel, bei dem nicht nur Sie gewinnen! Hier liegt auch die Zukunft unserer Unternehmen! Wenn unsere Unternehmen wieder ehrlich arbeiten und das Wohl Ihrer Kunden und Mitarbeiter im Fokus haben, brauchen sie sich über Umsatzprobleme keine Sorgen mehr zu machen. Die Zeit der Egozentriker ist vorbei! Visionäre braucht das Land!

-Übung

Ihre 3 wichtigsten Ziele sind:

1. ....

....

2. ....

....

3. ....

....

Ihr momentan wichtigstes Ziel lautet:

....

....

Welche Motivation steckt dahinter?

....

....

Welchen Nutzen bringt Ihnen die Zielerreichung?

....

....

Welchen Vorteil bringt das Ziel Ihren Mitmenschen?

....

....

Weihen Sie einen vertrauten Menschen in Ihre Ziele ein!
Prüfen Sie aber genau, wem Sie vertrauen, um sicher zu
sein, dass dieser Mensch Sie in Ihrer Zielerreichung unterstützt!

„Ich weiß, was ich will!"

12. Entscheidung:
„Ich habe ein klares Ziel!"

„Der Mensch muss lernen,
den Lichtstrahl aufzufangen und zu verfolgen,
der in seinem Inneren aufblitzt."
(Ralph Waldo Emerson)

Einstein sagte einmal: „Fantasie ist alles!" Was für ein schlauer und weiser Mann! Diese Weisheit des wohl berühmtesten Wissenschaftlers mit deutschen Wurzeln zeigt uns, wie wichtig es ist, unsere Vorstellungskraft einzusetzen und mit Kreativität und Einfallsreichtum neue Wege zu finden, die aus der Krise führen! Lernen Sie auch, Ihre Denkgewohnheiten und inneren Grenzen zu überwinden! Nur wer das Unmögliche versucht, wird das Mögliche erreichen!

Haben Sie eine klare Vorstellung von dem, was Sie wollen, kann sich Ihr Ziel innerhalb kurzer Zeit auf der Leinwand Ihres Lebens zeigen.

„Je klarer die Zielvorstellung, desto klarer der Erfolg!"
(Vera F. Birkenbihl)

Was Sie in erster Linie brauchen, ist die Einbildungs- und Vorstellungskraft. Ihre inneren Bilder setzen einen unbewussten Prozess in Gang, an dessen Ende Ihr Erfolg steht. Gewinnen Sie Ihr Unterbewusstsein zum Freund, indem Sie mehr und mehr einen Kontakt zu Ihrer inneren Führung herstellen.

Viele machen einen großen Fehler: Sie denken sich zum Ziel hin und wundern sich, dass sie nie ankommen. Das Wichtigste für eine erfolgreiche Zielerreichung ist: Sie müssen sich einbilden, bereits am Ziel zu sein! Klingt komisch, oder? Ja, weil Sie vielleicht eine solche Vorstellung bislang noch nicht hatten.

„Man muss es so einrichten,
dass einem das Ziel entgegenkommt."
(Theodor Fontane)

Stellen Sie sich vor, Sie haben das Ziel erreicht. Sie denken bewusst oder unbewusst vom Ziel aus. Das ist das ganze Geheimnis erfolgreicher Menschen! Auch in dem berühmten Buch „Die Möwe Jonathan" heißt es: „Du musst dort sein, bevor Du angekommen bist!"

opti-Übung

Stellen Sie sich vor, Sie haben Ihr Ziel erreicht. Erleben Sie das mit allen Sinnen:
Sie hören sich selbst jubeln, sehen sich im Kreise Ihrer Freunde feiern und auf den Erfolg anstoßen, fühlen sich stolz und glücklich. Genießen Sie Ihren Triumph!

Was? Sie können es sich nicht vorstellen? Dann suchen Sie sich bitte einen geeigneten Ort, wo Sie eine halbe Stunde ungestört sind. Entspannen Sie sich mit ruhiger Musik im Hintergrund und gestatten Sie sich, zu träumen. Lächeln Sie dabei! Das hilft Ihrem Unterbewusstsein, Sie bei Ihren inneren Bildern zu unterstützen.

Beispiele:

Sind Sie krank oder fühlen Sie sich nicht wohl, dann sehen Sie sich, wie Sie fit und vital sind, wie Ihnen Ihr Therapeut zu Ihrem außerordentlichen Gesundheitszustand gratuliert.

Sind Sie arbeitslos, dann stellen Sie sich vor, wie Sie im Unternehmen Ihrer Wahl voller Freude und Begeisterung arbeiten und sich rundherum wohlfühlen.

Haben Sie Streit mit einem nahen Menschen, sehen Sie sich wieder freundschaftlich und harmonisch miteinander reden und umgehen.

Sehen Sie, das ist ganz einfach! Jeder kann das!

„Die Welt macht dem Menschen Platz,
der mit seinen Worten und Taten beweist,
dass er sein Ziel kennt."
(R. W. Emerson)

Erleben Sie den erwünschten Endzustand immer wieder – am besten wie einen Film. Sie können dabei die Lautstärke, die Helligkeit, die Größe der Bilder, die Kontraste, die Farben so verändern, wie Sie es brauchen, um möglichst viel Kraft und Energie in Ihre Visionen zu legen. Je klarer und kräftiger die Bilder, desto stärker manifestieren sich Ihre Ziele in Ihrem Unterbewusstsein.

So gewinnen Sie Ihr Unterbewusstsein als Freund, der alles versuchen wird, Sie zum Ziel zu bringen.

> „Der Fluss krümmt sich, doch sein Ziel vergisst er nie."
>
> (Unbekannt)

Achten Sie aber bitte darauf, dass Ihnen alle Übungen Freude machen. Geht Ihnen irgendetwas auf die Nerven, beenden Sie diese Übung bitte sofort. Ansonsten bewirken Sie genau das Gegenteil. Machen Sie erst dann weiter, wenn Sie wieder motiviert sind. Ist Ihnen Ihr Ziel aber wirklich wichtig, sollte es an der nötigen Motivation nicht fehlen.

Also – motiviert genug? Dann machen Sie es sich bequem und erleben Sie sich mit allen Sinnen im erwünschten Endzustand!

 -Übung

Für den Abend oder das Wochenende:

Eine wirklich vergnügliche und äußerst wirkungsvolle Fleißübung, seine Wünsche und Ziele zu erreichen, ist die Anfertigung einer „Zielcollage".

Besorgen Sie sich drei bis fünf Zeitschriften Ihrer Wahl. Im Papiergeschäft oder Supermarkt finden Sie Fotokartons in allen Farben. Kaufen Sie einen großen Karton in Ihrer Lieblingsfarbe. Nun brauchen Sie nur noch eine Schere, einen Klebestift, Spaß an der Sache und ca. zwei Stunden Zeit. Besondere künstlerische Fähigkeiten sind nicht gefragt.

Nehmen Sie Ihre Lebensziele ins Bewusstsein und schon kann es losgehen.

Blättern Sie Ihre Zeitschriften durch und schneiden Sie ganz spontan alles aus, was Sie positiv anspricht. Lassen Sie sich von den Inhalten inspirieren. Ob schöne Bilder, Sprüche oder Wörter, schnipseln Sie alles heraus, was Ihnen gefällt. Achten Sie darauf, dass Sie nur positive Bilder oder Worte verwenden!

Danach legen Sie alle ausgeschnittenen Bilder, Begriffe oder Sätze auf den Fotokarton und sortieren sie nach Lebensthemen. Ist alles perfekt angeordnet, kleben Sie alle wichtigen Bilder und Wörter auf. Wenn Ihnen Ihre Zielcollage gefällt, bekommt sie einen Ehrenplatz in Ihrer Wohnung oder in Ihrem Büro. Dass die Toilette, der Platz hinter dem Kleiderschrank oder der Tür nicht geeignet sind, versteht sich von selbst.

Schenken Sie Ihrer Collage regelmäßige Beachtung! Ein freudiger Blick oder ein Lächeln einmal am Tag reicht völlig aus. Sie werden überrascht sein, wie schnell Ihre aufgeklebten Wünsche und Ziele Wirklichkeit werden.

Falls Sie dazu Fragen haben, schreiben Sie uns!
Über info@breidenbach-akademie.de können Sie Kontakt mit uns aufnehmen!

„Ich habe ein klares Ziel!"

13. Entscheidung:
„Ich erreiche alle meine Ziele!"

Sehen Sie sich schon als Optimist? Ja? – Prima!

Dann kommen wir heute zu der nächsten Voraussetzung für eine erfolgreiche Zielerreichung. Nachdem Sie sich gestern um Ihr Zielbild gekümmert haben, steht heute die richtige Zielformulierung auf dem Programm.

„Ich erreiche alle meine Ziele!" ist schon eine solche Zielvorgabe. An diesem Tag geht es um die Macht der Worte. Worte sind gesprochene Gedanken und können einen großen Einfluss auf uns selbst und unsere Umwelt haben.

Ach ja ... Ist Ihnen schon aufgefallen, dass Sie ständig reden? Nein, nicht mit mir, sondern mit sich selbst? Ja, Sie reden ständig – in Ihren Gedanken, mit sich selbst. Den meisten dieser Gedanken folgen die entsprechenden inneren Bilder. Was diese bewirken, ist Ihnen im Laufe der letzten Tage bzw. Übungen sicherlich klar geworden.

Gerade die Selbstgespräche sind es, die Großartiges bewirken oder auch sehr kontraproduktiv sein können. Sorgen Sie dafür, dass Ihre Worte positiv sind. Sprechen Sie gut über sich und Ihre Mitmenschen! Machen Sie sich und anderen Mut, auch wenn einmal etwas nicht so klappt wie geplant. Motivieren Sie mit aufmunternden Sätzen!

„Alle großen Dinge sind einfach und viele können
mit einem einzigen Wort ausgedrückt werden:
Freiheit, Gerechtigkeit, Ehre, Pflicht, Gnade, Hoffnung."
(Winston Churchill)

Beachten Sie dabei, dass Sie nur positive Formulierungen verwenden. Da das Unterbewusstsein grundsätzlich (bis auf wenige Ausnahmen) das Wort „nicht" ignoriert, wird auch das in Gang gesetzt, was Sie nicht wollen. Seien Sie also achtsam!

Ein Beispiel: Denken Sie jetzt bitte nicht an einen Elefanten. Und? Was ist passiert? Obwohl ich Ihnen gesagt – besser: geschrieben – habe, Sie sollen nicht an den Elefanten denken, haben Sie es doch getan. Sie haben ihn vor sich gesehen. Sogar schon zweimal. Gerade jetzt sehen Sie ihn wieder. Erkennen Sie: Sie können nicht „nicht" denken. Auch die Worte „kein", „un-" und „miss-" bewirken Ähnliches. Also: Verwenden Sie statt „Ich habe keine Angst mehr" ab jetzt: „Ich bin mutig und voller Selbstvertrauen."

Formulieren Sie Ihre Zielsetzungen in der Gegenwartsform! Warum? Weil Sie ja von dem erwünschten Endzustand ausgehen. Klar, oder?

Verwenden Sie ichbezogene Formen wie: „Ich bin ...", „Ich habe ...", Ich verdiene ...", „Ich erlebe ..." Also immer in der Präsensform! Das ist sehr sehr wichtig!

Unterlassen Sie Formen wie „werden", „möchten" oder „wollen"! Das sind Zukunfts- oder Absichtserklärungen, mit denen Sie nie ans Ziel kommen.

„Wo Worte selten, haben sie Gewicht."
(William Shakespeare)

Verwenden Sie kurze, prägnante Sätze. Auch hier gilt wie so oft im Leben: In der Kürze liegt die Würze. Allerdings sollten Ihre Zielsätze so klar sein, dass auch das entsprechende Zielbild dabei ausgelöst wird.

Setzen Sie diese Technik nur für sich selbst ein! Versuchen Sie bitte niemals, einen anderen Menschen zu beeinflussen, auch wenn Sie es gut meinen. Jeder ist für sein Leben selbst verantwortlich. Sie können Ihren Liebsten diese Methode zeigen und erklären, mehr nicht.

Suggerieren Sie ab heute Ihrem Unterbewusstsein Erfolgssätze. Solche Sätze können sein: „Ich schaue vertrauensvoll in meine Zukunft.", „Ich bin voller Mut und Zuversicht.", „Ich bin ein Gewinner.", „Ich vertraue meinen Fähigkeiten und Talenten.", „Ich bin ein Optimist." usw.

Anmerkung: Natürlich sollten Sie in den 30 Tagen erst einmal die angebotenen Tagesziel-Sätze verwenden, damit sich Ihre Einstellung festigen kann.

Sie können diese Sätze aufschreiben, mehrmals täglich lesen und/oder den für Sie passenden Satz mehrmals täglich innerlich wiederholen. Beachten Sie dabei auch hier, dass Ihnen jede Übung Spaß machen sollte. Ansonsten bleiben diese Übungen wirkungslos.
　Werden Sie zu einem Meister der optimistischen Worte! Noch besser: Sie sind ab jetzt ein Meister der optimistischen Worte!

opti-Übung

Ändern Sie folgende Liste mit negativen oder fehlerhaften Sätzen in positive und richtige Formulierungen um. Am Ende des Buches stehen die Lösungen.

Falsch: „Ich werde einen neuen Job finden."

Richtig:

....

Falsch: „Ich bin nicht mehr krank."

Richtig:

....

Falsch: „Ich will nicht mehr allein sein."

Richtig:

....

Falsch: „Ich habe keinen Husten mehr."

Richtig:

....

Falsch: „Ich höre auf, ein Versager zu sein."

Richtig:

....

Falsch: „Wir dürfen nicht verlieren."

Richtig:

....

Falsch: „Ich verzichte ab morgen auf Alkohol."

Richtig:

....

„Ich erreiche alle meine Ziele!"

14. Entscheidung:
„Ich glaube an mich und meinen Erfolg!"

Anton Tschechow, einer der bedeutendsten russischen Autoren des 19. Jahrhunderts, sagte einmal:

„Der Mensch ist das, was er glaubt."

Der Glaube ist der Ursprung unseres Erfolgs. Nur wenn Sie vom Gelingen, vom Erreichen Ihres Zieles überzeugt sind, können Sie es erreichen. So wie der Glaube Berge versetzen kann, so setzt er Ihnen auch Grenzen.

Wenn wir vom Glauben reden, so denken wir gewöhnlich an unseren konfessionellen Glauben. Natürlich wussten auch unsere Religionen von der Kraft der Überzeugung, von der Kraft des Glaubens. Leider haben sie die Bedeutung in eine Richtung gelenkt, die dem eigentlich ursprünglichen Sinn des Glaubens nur bedingt entspricht. Oft wurde der Glaube in der Geschichte missbraucht und als Grund für völkerrechtliche Auseinandersetzungen benutzt. In seiner Urform ist jedes leitende Prinzip ein Glaube, eine Überzeugung oder eine innere Sicherheit, die dem Leben eine Richtung und einen Sinn gibt.

Als Optimisten nutzen wir den Glauben, um uns selbst, unseren Mitmenschen und unserer Umwelt zu helfen.

Auch John Stuart Mill, der berühmte englische Philosoph, schrieb einmal:

„Ein Mensch, der glaubt, ist so stark
wie neunundneunzig andere, die nur Interesse haben."

Genau das ist es, warum die einen Menschen erfolgreich sind und die anderen nicht. Wenn Sie an Ihren Erfolg glauben, so haben Sie auch die Kraft, ihn zu erlangen. Sind Sie von Ihrem Versagen überzeugt, werden die Umstände dazu führen, dass Sie letztendlich scheitern. Ihr Glauben besitzt eine riesige Macht! Alles ist möglich! Ihr Glauben entscheidet!

> „Ehe wir uns anschicken, andere zu überzeugen, müssen wir selbst überzeugt sein."
>
> (Dale Carnegie)

Sicherlich haben Sie auch schon von dem Placebo-Effekt gehört: Patienten erhalten ein Medikament ohne Wirkung. Gesagt wird Ihnen allerdings, dass es sich hierbei um eine höchst wirksame Arznei handelt. Patienten glauben daran und werden gesund. Es ist die Macht des Glaubens – nichts anderes!

Ob im Sport oder im Privaten, Sie erleben tagtäglich, was der Glaube bewirkt! Er kann zu einem ungeheuren Dynamo in Ihrem Leben werden. Weltmeister wird man nicht nur durch ausreichendes Training und Talent. Weltmeister wird der, der von seinem Können und seinem Siegeswillen überzeugt ist. Das ist der Motor, der auch Sie sicher ins Ziel bringt!

> „Man ist immer glücklich, wenn man Kräfte in sich selbst findet, die man sich selbst nicht zutraut."
>
> (Johann Georg Zimmermann)

Stärken Sie Ihren Glauben an Ihren Erfolg, indem Sie sich Ihre bisherigen Lebenserfolge wieder bewusst machen. Sie haben sicher schon vieles erreicht. Holen Sie die jeweilige Erinnerung aus Ihrer unbewussten Mottenkiste und aktivieren Sie damit Ihre eigene Überzeugungskraft.

 -Übung

Machen Sie sich Ihre 20 größten Erfolgserlebnisse bewusst!

1. ....

2. ....

3. ....

4. ....

5. ....

6. ....

7. ....

8. ....

9. ....

10. ....

11. ....

12. ....

13. ....

14. ....

15. ....

16. ....

17. ....

18. ....

19. ....

20. ....

Schreiben Sie Ihre positiven Glaubenssätze auf, die dazu
geführt haben, dass Sie Ihre Ziele erreicht haben.

....

....

....

....

....

....

Schreiben Sie 5 negative Glaubenssätze auf und formulieren Sie diese nach den Kriterien von Tag 14 ins Positive um!

1. Negativ: ....

1. Positiv:

....

2. Negativ: ....

2. Positiv:

....

3. Negativ: ....

3. Positiv:

....

4. Negativ: ....

4. Positiv:

....

5. Negativ: ....

5. Positiv:

....

„Ich glaube an mich und meinen Erfolg!"

15. Entscheidung:
„Ich bin mit ganzem Herzen dabei!"

„Begeisterung spricht nicht immer für den, der sie erweckt,
und immer für den, der sie empfindet."

(Marie von Ebner-Eschenbach)

Was braucht der Mensch mehr als Lebensbegeisterung?
Begeisterung ist das Gefühl, mit dem Unmögliches möglich gemacht wird.

Wer ist schon von sich und seinem Leben begeistert? Wenige, oder? Zu wenige, meine ich! Viele haben einen Gesichtsausdruck, der das Schlimmste befürchten lässt, und man fragt sich, wo deren Lebensgeister geblieben sind.

Als ich letztlich in einem Straßencafé saß, betrachtete ich die Gesichter der anderen Gäste. Für einen Gesichtsanalytiker wie mich immer eine willkommene Abwechslung und Übung. Ich sah sorgenvolle Gesichter, apathische Gesichter, fahle und blasse Gesichter, hängende Mundwinkel, hängende Schultern, Tränensäcke, schlaffe Körperhaltungen. Nur ein Pärchen in der Ecke war ausgelassen und fröhlich. Jeder aufmerksame Beobachter konnte sofort sehen und fühlen, dass die beiden frisch verliebt waren. Was für ein Beispiel an Kraft und Leidenschaft! Und genau das ist es! Das ist es, was uns so oft fehlt!

Hallo, liebe Leute! Leben ist Energie! Leben ist Freude! Spielt mit! Macht mit! Lebt mit!
Verliebt Euch wieder in das Leben, in dieses spannende Abenteuer, in dieses Spiel, das uns zur Freude erfunden wurde, bei dem jeder mit der richtigen Einstellung nur ge-

winnen kann! Spürt dieses brennende Verlangen, mehr aus dem Leben zu machen, als nur leblos dahinzuvegetieren.

„Ohne Begeisterung, welche die Seele
mit einer gesunden Wärme erfüllt,
wird nie etwas Großes zustande gebracht.“
(Adolph Freiherr Knigge)

Was Begeisterung vermag, hat jeder von uns schon erlebt. Mit Begeisterung haben wir schon scheinbar Unglaubliches geschafft! Ich bin davon überzeugt, dass letztendlich unsere Begeisterungsfähigkeit über Erfolg oder Misserfolg im Leben entscheidet. Nur die Menschen kommen vorwärts, die ihren Motor mit dem besten Benzin füttern!

Waren wir von einer Aufgabe beseelt, mit dem Herzen ganz dabei, lief alles wie am Schnürchen. Erstaunliche Dinge passieren, wenn ein Mensch Feuer fängt und richtig zu brennen beginnt. Ein kleiner Funke kann hier zu einem lodernden Feuer werden!

„Begeisterung aber ist die Mutter alles Großen.“
(Franz Grillparzer)

Mal Hand aufs Herz! Wann waren Sie das letzte Mal heiß auf etwas? Was hat Sie in den Bann gezogen, Sie richtig begeistert? Und? Na klar, dann waren Sie auch in den meisten Fällen erfolgreich. Die beste Art, einen wirklich guten Kaffee zu machen, ist es ja auch, einige Bohnen mehr hineinzugeben. Stimmt's?

Daher widmen Sie sich den Dingen und den Menschen, die Sie noch richtig berühren – in Ihrem Herzen berühren! Sprühen Sie vor Lebenskraft!

Sie sind Optimist! Spüren Sie in Ihrem Herzen das brennende Verlangen nach Leben, nach Sinn, nach Erfolg, nach Glück, nach Liebe! Das hält Sie übrigens zusätzlich jung und attraktiv! Ihre Begeisterung macht das möglich!

 **opti**-Übung

Schreiben Sie auf, wer oder was Sie begeistert, wer oder was Sie tief berührt! Gehen Sie in Gedanken ganz hinein in dieses Gefühl, spüren Sie das Feuer in Ihrem Herzen.

Wer oder was mich begeistert:

....

....

....

....

....

....

....

....

Wer oder was mich tief berührt:

....

....

....

....

....

....

....

....

Falls Sie am Anfang nur einen kleinen Funken spüren, warten Sie ab und lassen Sie diese Flamme immer größer werden, bis ein großes inneres Feuer in Ihnen entsteht, das Sie auch nach außen leuchten lässt.

„Ich bin mit ganzem Herzen dabei!"

16. Entscheidung: „Ich tu was!"

„Es gibt nichts Gutes, außer man tut es!" Vollkommen richtig! Was nutzt dem Bauern der beste Samen, wenn er ihn nicht sät und die Säcke stattdessen in seiner Scheune stehen lässt?

> „Erfolg hat nur, wer etwas tut,
> während er auf den Erfolg wartet."
>
> (Thomas Alva Edison)

Sie gehören zu den Menschen, die ihre Pläne umsetzen. Sie haben bis jetzt durchgehalten und bis heute Ihre Tagesübungen durchgeführt. Sehr gut!

Sie wissen ja: Faulheit ist der sicherste Weg zur Unfähigkeit. Wenn eine Kuh nicht jeden Tag gemolken wird, dann gibt sie immer weniger Milch. Wenn der Mensch nicht täglich an sich arbeitet und seine Fähigkeiten und Möglichkeiten aktiv nutzt, wird er jeden Tag unfähiger, seine Lebensaufgaben zu meistern.

> „In zwanzig Jahren wirst Du mehr enttäuscht sein über die Dinge,
> die Du nicht getan hast, als über die Dinge, die Du getan hast.
> Also löse den Knoten, laufe aus dem sicheren Hafen aus.
> Erfasse die Passatwinde mit Deinen Segeln. Erforsche. Träume."
>
> (Mark Twain)

Bleiben Sie daher am Ball und fragen Sie sich jeden Tag, was Sie tun können, damit jeder Ihrer Tage zu einem erfolgreichen Tag wird! Fragen Sie sich, wem Sie heute eine Freude machen, ein anerkennendes Wort schenken, Ihre Unterstützung anbieten können. Achten Sie aber stets darauf, dass Sie alles aus Freude tun. Sonst ist es für keinen stimmig.

Manchmal genügt ein Lächeln, das Sie einem anderen Menschen schenken, ein Lächeln, das vielleicht das ganze Leben lang unvergessen bleibt. Sie müssen heute keine großen Taten vollbringen, oft sind es die Kleinigkeiten, die Großes bewirken.

Wenn Ihre Partnerschaft in einer Krise steckt, warten Sie nicht, bis Ihr Partner etwas tut. Wenn beide so denken, passiert gar nichts und Sie können Ihre Partnerschaft sofort abschreiben. Tun Sie etwas! Fangen Sie an! Nur Mut! Sie können doch nur gewinnen! Sie sind doch ein Optimist, oder?

„Gib Dein Bestes und Du bist selbst der Beschenkte."
(Unbekannt)

Helfen Sie Ihrer Liebsten beim Abtrocknen, stellen Sie sich einmal selbst ans Bügelbrett (ich spreche hier gerade die Männer an!) oder verwöhnen Sie Ihren Partner mit einem liebevoll zubereiteten Essen oder einer abendlichen Ganzkörpermassage (das gilt jetzt für Männer und Frauen!).

„Tu erst das Notwendige, dann das Mögliche,
und plötzlich schaffst Du das Unmögliche."
(Franz von Assisi)

Sind Sie arbeitslos geworden? Dann raus! Schreiben Sie eine Bewerbung, die Ihrem neuen Arbeitgeber deutlich macht, dass Sie ihm eine wirkliche Hilfe sind. Schreiben Sie Ihre Anfrage anders als andere, lassen Sie sich eine Idee einfallen, wie Sie einen Personalchef überraschen können. Schreiben Sie selbstbewusst und optimistisch. Geben Sie Ihre Bewerbung persönlich ab. Mein Gott, es gibt zig Möglichkeiten, mit einer guten „verrückten" Idee wieder einen Job, womöglich seine Berufung zu finden. Seien Sie kreativ und glauben Sie an sich! Aber davon hatten wir es ja schon!

„Vor den Erfolg haben die Götter den Schweiß gesetzt."

(Hesoid)

Fragen Sie sich also: „Was kann ich tun, damit meine Wünsche Wirklichkeit werden?" Seien Sie ein guter Partner, Schüler, Lehrer, Angestellter, Chef! Geben Sie, anstatt zu nehmen! Säen Sie, bevor Sie ernten wollen!

Alles klar? Dann los, der Tag wartet darauf, von Ihnen in Besitz genommen zu werden!

 **opti**-Übung

Was können Sie heute dafür tun, dass Sie heute Abend auf einen erfolgreichen Tag zurückblicken können? Schreiben Sie für alle Bereiche Ihres Lebens mehrere Möglichkeiten auf, die geeignet sind, diese zu aktivieren.

Partnerschaft:

....

Familie:

....

Beruf:

....

Kollegen:

....

Freunde:

....

Eigene Persönlichkeit:

....

Treffen Sie erst nach der Auflistung eine Entscheidung, was Sie tun werden.

Denken Sie daran, dass oft eine Kleinigkeit ausreicht, um die Welt – Ihre Welt – zu verändern.

Beginnen Sie ab heute, ein „Erfolgstagebuch" zu führen. Listen Sie dort alles auf, was für Sie ein „Erfolg" war. Ergänzen Sie diese Liste täglich mit den Erkenntnissen, die Sie an jedem Tag gewinnen.

Mein Tageserfolg:

....

....

„Ich tu was!"

17. Entscheidung:
„Ich bin voller Lebensfreude!"

„Freude ist die große Wäsche des Herzens."

(Aus Japan)

Kennen Sie Hotei? Schon einmal von ihm gehört? Nein? Dann waren Sie nie in Japan. Oder Sie haben sich nicht wirklich für die dortige Kultur interessiert.

Hotei ist der „Lachende Buddha" und wird als Glückssymbol allerorts verehrt. Das Besondere an ihm ist, dass es keine wirkliche überlieferte Weisheit von ihm gibt. Seine Weisheit war einfach, ganz einfach – es war das Lachen. Er hat sein ganzes Leben nur gelacht. Und wenn jemand ihn fragte: „Hotei, warum lachst Du?", dann hat er noch mehr gelacht. Wenn die Menschen hörten, dass Hotei in der Umgebung war, dann suchten sie seine Nähe. Sein Lachen war so ansteckend, dass die Menschen um ihn herum ihre Lebensfreude und ihr Glück wiederfanden. Und nicht wenige wurden auf wundersame Art und Weise wieder gesund.

„Das Glück kommt zu denen, die lachen."

(Aus Japan)

Dabei lachte er nie über andere und deren Ungeschick. Nein – er lachte über sich, über all die kleinen Fallschlingen des Lebens, die jeden von uns überraschen können. Er sah jedes Problem als belustigende Herausforderung und als Test des Lebens, wie viel Humor der Mensch besitzt.

Bringen Sie die Philosophie des Hotei – das Lachen – in Ihr Leben!

„Ein Tag, an dem Du nicht gelacht hast,
ist ein verlorener Tag."
(Charlie Chaplin)

Finden Sie Filme, Komödien, Bücher, die Sie zum Lachen anregen. Wenn Sie den Eindruck haben, dass Sie das Lachen verloren haben, dann informieren Sie sich. Es gibt sicherlich auch ich Ihrer Nähe „Lach-Yoga"-Kurse, in denen Sie in einer entspannten Atmosphäre Ihr Lachen wiederfinden können.

Leben Sie nach dem LMAA-Prinzip! Na, lieber Leser, was heißt LMAA? Nein, nicht das, was Sie gewohnt sind, nicht der berühmte Spruch des Götz von Berlichingen. LMAA steht für „Lächle mehr als andere".

Sehen Sie – schon zeigt sich ein Lächeln auf Ihren Lippen. So schnell kann das gehen! Wenn Sie aus tiefstem Herzen lächeln können, lächelt Ihnen das Leben entgegen.

„Höre nie auf zu lächeln, auch dann nicht, wenn Du traurig bist,
denn Du weißt nicht, wer sich vielleicht in Dein Lächeln verliebt."
(Gabriel Garcià Màrquez)

Sie erleben auf einmal eine Welt voller netter und aufgeschlossener Menschen, fröhlicher Gesichter und überraschender Glücksmomente.

Seien Sie dabei ehrlich, authentisch. Zeigen Sie, wie viele Gründe es gibt, den Tag mit einem Lächeln zu begrüßen. Verschenken Sie Ihr Lächeln! Lächeln ist auch die eleganteste Art, einem Gegner die Zähne zu zeigen.

> „Lachen und Lächeln sind Tor und Pforte, durch die viel Gutes in den Menschen hineinhuschen kann."
>
> (Christian Morgenstern)

Finden Sie Momente, die Ihnen richtig Freude machen. Haben Sie wieder Spaß, einem geliebten Hobby nachzugehen, alte Freunde wiederzutreffen, einen Spieleabend zu organisieren, zu tanzen, Musik zu hören oder einfach nur zu kuscheln. Tanken Sie Lebensfreude, zeigen Sie Gefühle! Stecken Sie andere mit Ihrer guten Laune an!

 **opti**-Übung

Strahlen Sie heute Ihren Optimismus aus und verbinden Sie ihn mit einem entspannten und freudigen Lächeln auf Ihren Lippen. Begegnen Sie heute Ihren Mitmenschen bewusst positiv!

Laden Sie heute Abend Ihre besten Freunde ein und spielen Sie mit ihnen das beliebte Gesellschaftsspiel „Activity"!

Mein Tageserfolg:

....

....

„Ich bin voller **Lebensfreude!**"

18. Entscheidung: „Ich bin ein Vorbild!"

An diesem Tag geht die Post ab! Sie wollen Spitze sein? Sie wollen heute als absoluter Gewinner durch den Tag gehen? Einfacher als gedacht!

Zunächst brauchen Sie wieder einmal eine neue Tagesentscheidung. Treffen Sie die Entscheidung, heute Ihr Bestes tun zu wollen – in allen Bereichen Ihres Lebens. Seien Sie heute ein Vorbild an Lebensfreude, Mut, Menschlichkeit, Zuversicht, Ehrlichkeit und Tatendrang.

„Bevor Ihr den Menschen predigt, wie sie sein sollen, zeigt es ihnen an euch selbst."
(Fjodor M. Dostojewski)

Strahlen Sie Ihren neu gewonnenen Optimismus aus! Zeigen Sie Courage, wenn es darum geht, Ihre Meinung zu vertreten oder anderen beizustehen. Seien Sie achtsam, wenn jemand Hilfe braucht. Begleiten Sie die alte Dame am Straßenrand sicher über die Straße! Seien Sie ehrlich bei allem, was Sie sagen! Freuen Sie sich darauf, zu zeigen, was in Ihnen steckt!

„Ist auch Dein Kreis unscheinbar, eng und klein, erfülle ihn mit Deinem ganzen Wesen.
Sei bestrebt, ein guter Mensch zu sein."
(Homer)

Besinnen Sie sich auf Ihre größten Stärken und setzen Sie diese heute bewusst ein. Reden Sie sich selbst stark, ohne arrogant zu wirken. Seien Sie selbstbewusst im Innen, aber bescheiden im Außen! Denken Sie daran: Bescheidenheit kommt von „Bescheid wissen".

Je mehr Sie über sich selbst wissen, desto selbstbewusster und dadurch bescheidener sind Sie! Wer sich mit großen Reden in den Mittelpunkt stellt, hat meist nur ein aufgeblähtes Ego, nicht mehr und nicht weniger. Verstanden? Klar, oder?

> „Alle großen Menschen sind bescheiden."
> (Gotthold Ephraim Lessing)

Haben Sie sich ein klares Tagesziel gesteckt, dann konzentrieren Sie sich heute darauf! Entscheiden Sie, was heute für Sie am wichtigsten ist. Bleiben Sie den ganzen Tag am Ball! Unterlassen Sie alles, was Sie ablenken oder Sie wertvolle Zeit kosten könnte. Sie werden überrascht sein, was Sie alles an einem Tag erreichen, wenn Sie nichts anderes tun, als Ihrem Ziel zu folgen! Seien Sie ein Meister der Beharrlichkeit. Freuen Sie sich schon jetzt auf das Kapitel „Ich halte durch".

Treten Sie heute als Experte auf. Ihre ganze Körperhaltung ist die Haltung eines Gewinners, Ihre Ausstrahlung ist einfach umwerfend. Bewahren Sie sich dieses Bewusstsein den ganzen Tag!

**opti**-Übung

Die „Erfolgsaura"
Atmen Sie vier Sekunden ein, elf Sekunden aus. Beim Einatmen stellen Sie sich ein weißes Licht über Ihrem Kopf vor; beim Ausatmen imaginieren Sie, dass dieses Licht über Kopf und Wirbelsäule Ihren ganzen Körper durchströmt. Machen Sie bis zu 20 Atemzüge.

Sie haben nach dieser Übung eine Ausstrahlung, um die viele andere Sie beneiden.

Bitte beachten Sie aber, dass dieser Atemrhythmus für Sie am Anfang wahrscheinlich ungewohnt ist. Sollten Sie Schwindelgefühle oder Herzklopfen bekommen, dann beenden Sie diese Übung und setzen Sie die Atemübung zu einem späteren Zeitpunkt fort.

Sie können mit dieser Technik vor wichtigen Gesprächen oder Terminen mehr Sicherheit und Ausstrahlung gewinnen. Machen Sie diese Übung ca. zehn bis 30 Minuten vor einem wichtigen Termin.

Mein Tageserfolg:

....

....

„Ich bin ein Vorbild!"

19. Entscheidung: „Ich ruhe in mir!"

Heute ist Ruhe angesagt. Wenn Sie wollen, dann haben Sie heute Ruhetag. Gönnen Sie sich heute Entspannung. Tun Sie nichts, was Sie in Stress bringt. Tanken Sie auf! In der Ruhe liegt die Kraft! Auch der fleißigste Optimist braucht einmal eine Auszeit.

> „Ein Augenblick der Seelenruhe ist besser,
> als was Du erstreben magst."
>
> (Aus Persien)

So, wie die ganze Natur einem Wechsel an Aktivität und Passivität, Kommen und Vergehen, Wachstums- und Ruhephasen unterliegt, so gilt für uns Menschen das Gleiche. Um gesund zu bleiben, brauchen wir einen harmonischen Ausgleich zwischen aktivem Handeln und passiver Entspannung.

> „Gönne Dir einen Augenblick der Ruhe und Du begreifst,
> wie närrisch Du herumgehastet bist."
>
> (Laotse)

Entspannung kann auf vielfältigste Art und Weise geschehen. Sie können sich ein entspannendes Buch zur Hand nehmen, ein ausgiebiges Bad nehmen, spazieren gehen, ruhige Musik hören, sich in einer Wellness-Oase verwöhnen lassen, einmal richtig ausschlafen, mit Ihren Liebsten kuscheln oder sich einfach treiben lassen. Es gibt auch wundervolle Entspannungs-CDs, die Sie mit ruhiger Stimme in einen tiefen Zustand der Erholung führen.

„Ein Leben ohne Feste ist eine weite Reise ohne Gasthaus."
(Demokrit)

Wählen Sie die für Sie angenehmste Entspannungsform aus, von der Sie sich den größten Nutzen versprechen. Lassen Sie sich heute von niemandem aus der Ruhe bringen. Bleiben Sie gelassen, egal, was geschieht. Ruhen und bleiben Sie jederzeit in Ihrer Mitte! Wenn Sie selbst ruhelos und gestresst sind, sind Sie für Ihre Mitmenschen angreifbar.

Wenn Sie jemand ärgern will, entscheiden immer noch Sie, ob Sie das wollen oder nicht. Sie können es auch lassen.

„Wenn Du im Recht bist, kannst Du Dir leisten,
die Ruhe zu bewahren,
und wenn Du im Unrecht bist,
kannst Du Dir nicht leisten, sie zu verlieren."
(Mahatma Gandhi)

Strahlen Sie eine innere Souveränität aus! Das fällt Ihnen am leichtesten, wenn Sie sich selbst stark und sicher fühlen. Wenn nicht, dann wiederholen Sie noch einmal die Übung vom 5. Tag.

Trinken Sie dabei ausreichend Wasser! Das unterstützt Ihren Stoffwechsel. Auch Kräutertees sind ein wohltuendes Getränk. Kaffee, schwarzer und grüner Tee sollten heute vermieden werden. Koffein putscht nur auf.

Sorgen Sie für eine entspannte häusliche Atmosphäre. Störquellen, wie Fernseher, laute Musik, Telefonklingel, können heute einmal getrost ausbleiben. Unsere Vorfahren brauchten alle diese technischen Errungenschaften auch nicht. Und Sie können darauf sicherlich auch einmal einen Tag verzichten.

Kommen Sie auch geistig zur Ruhe. Wenn Sie lesen wollen, dann wählen Sie am besten eine heitere und entspannende Lektüre aus. Blenden Sie alle Sorgen aus! Sie können sich morgen wieder um die Lösungswege kümmern. Das reicht vollkommen.

Bereinigen Sie den Tag innerlich, bevor Sie schlafen. Blicken Sie zurück auf einen Tag voller großer und kleiner Wunder, die Sie mit einem entspannten Lächeln einschlafen lassen.

opti-Übung

Machen Sie heute einmal alles ganz bewusst und langsam. Waschen Sie sich bewusst, essen Sie bewusst langsam und genießen Sie jeden Bissen. Führen Sie alle Bewegungen wie in Zeitlupe aus und nehmen Sie so Ihre Umgebung neu wahr.

Entspannen Sie sich bei einer geführten Meditation oder lassen Sie sich verwöhnen! Was halten Sie von einem Tag in einer Wellness-Landschaft?

Mein Tageserfolg:

....

....

„Ich ruhe in mir!"

20. Entscheidung: „Ich bin gut!"

„Du bist schuld!" ist einer der häufigsten Vorwürfe, die wir hören. Meist sitzen diese Worte so tief, dass Sie uns schwer belasten. Eine Vielzahl von Erkrankungen ist oft eine Folge von Schuldgefühlen, die der Lebenskraft von uns Menschen erheblich zusetzen können. Als Optimist sollten Sie sich von diesen alten Einstellungen verabschieden.

„Ich habe die Erfahrungen gemacht,
dass Menschen ohne Fehler auch keine Tugenden haben."
(Abraham Lincoln)

Sie können nicht alles richtig machen! Jeder von uns macht Fehler! Keiner ist vollkommen. Solange wir leben, lernen wir, probieren wir das ein oder andere aus, treffen Entscheidungen. Wer nichts lernt, macht keine Fehler! Wer nichts ausprobiert, macht keine Fehler. Wer keine Entscheidungen trifft, macht keine Fehler! Sie aber leben!

Wenn Sie Ihr Leben Revue passieren lassen, werden Sie feststellen, dass Sie rückblickend heute so manches sicher anders machen würden. Es ist aber müßig, weiter darüber nachzudenken. Sie leben heute, die Vergangenheit kommt nicht wieder. Machen Sie sich bewusst, dass Sie in der Vergangenheit in den wenigsten Fällen absichtlich etwas falsch gemacht haben. Sie haben in Ihrem Leben Entscheidungen getroffen, die Sie in diesem Moment als richtig angesehen haben. Wahrscheinlich konnten oder wollten Sie aufgrund Ihrer damaligen Lage oder Entwicklung gar nicht anders entscheiden. Oftmals erkennen wir erst Jahre später die Auswirkungen, die wir nicht mehr ändern können.

„Fehler entstehen meistens, wenn man eilt.
Selten, wenn man überlegt."
(Aus China)

Hatte eine Ihrer Entscheidungen negative Auswirkungen für einen anderen Menschen, dann sollten Sie jetzt den Mut haben, sich nachträglich dafür zu entschuldigen. Das reinigt die Seele - und zwar auf beiden Seiten!

Sollten Sie finanzielle Schulden haben, finden Sie einen Lösungsweg, sich von diesen zu befreien. Reden Sie mit den Menschen, denen Sie etwas schulden. Mit einem offenen Gespräch ist vieles zu regeln. Warten Sie nicht länger, gehen Sie auf den anderen zu.

„Gold- und Silberschulden lassen sich abtragen im Leben,
Liebesschulden nimmt man mit ins Grab."
(Aus Indonesien)

Söhnen Sie sich mit sich selbst und Ihren Mitmenschen aus. Hören Sie auch damit auf, andere für Ihr Unglück weiterhin verantwortlich zu machen. Sie geben diesen Menschen damit nur Macht über Ihr Leben, Ihre Gefühle. Und was macht das für einen Sinn? Richtig – gar keinen!

Schon Adenauer sagte: „Wer sich ärgert, der bestraft sich für die Sünden seiner Mitmenschen!" Also hören Sie auf damit! Aus dem richtigen Blickwinkel betrachtet, hat doch alles dazu beigetragen, dass Sie heute sind, wie Sie sind – auf dem Weg zu einem echten Optimisten!

 **opti**-Übung

Wen haben Sie ungerecht behandelt, verletzt oder wem haben Sie anderweitig wehgetan? Schreiben Sie die Namen von drei Menschen auf.

1. ....

2. ....

3. ....

Erkennen Sie, dass Sie immer ihr Bestes wollten.

Entspannen Sie sich, stellen Sie sich diese Menschen nacheinander vor und versöhnen Sie sich mit diesen Personen, indem Sie ihnen in Gedanken erklären, was Sie getan haben. Danach bitten Sie um Verzeihung. Stellen Sie sich innerlich vor, wie diese Menschen Ihre Bitte erfüllen mit dem Worten: „Ich verzeihe Dir von ganzem Herzen!" Danach bedanken Sie sich bei allen Beteiligten und genießen die innere Befreiung.

Schreiben Sie diesen Personen einen offenen Brief oder schnappen Sie sich den Telefonhörer und führen ein längst überfälliges Gespräch. Als Optimist inzwischen sicher eine leichte Übung für Sie!

Mein Tageserfolg:

....

....

„Ich bin gut!"

21. Entscheidung:
„Ich bin offen für Verbesserungen!"

Kritik kann wehtun, richtig wehtun! Worte verletzen oft mehr als körperliche Gewalt.

Im Laufe unseres Lebens werden wir viel mehr kritisiert als gelobt. Und nicht wenige sehnen sich ihr ganzes Leben lang nach einem einfachen Wort der Anerkennung.

„Das harte Wort schmerzt immer, sei's noch so gerecht."

(Sophokles)

Sätze wie: „Das kannst Du nicht!", „Du bist dazu noch viel zu klein!", „Bleibe anständig!", „Das ist falsch!", „Das lernst Du nie!" und Ähnliches belasten unsere Seele oft Jahrzehnte und nagen an unserem Selbstbewusstsein. Solche Aussagen haben Spuren hinterlassen, manchmal tiefe Spuren, die sich in unser Unterbewusstsein eingegraben haben.

Immer haben Menschen es geschafft, unsere Sicherheit zu erschüttern. Die Folgen sind Selbstzweifel, Ängste und Unsicherheiten.

Stellen Sie sich nicht mehr auf diese Stufe. Solche Kritik geht meist von Pessimisten aus, die sich dann selbst besser fühlen, wenn sie andere kleinreden. Als Optimist lernen Sie heute, in einer positiven Art und Weise mit Kritik umzugehen – zum einen auf der Seite des Kritisierenden, zum anderen aus der Sichtweise dessen, der kritisiert wird.

„Ich bin dankbar für die schärfste Kritik,
solange sie nur sachlich bleibt."
(Otto von Bismarck)

Machen Sie sich bewusst, dass Kritik grundsätzlich dann gut und hilfreich ist, wenn sie zur Verbesserung des Lebens beiträgt. Nehmen Sie ab heute Kritik nicht mehr persönlich! Trennen Sie die Aussage, die Information, von der Person, die an Ihnen herumnörgelt.

„Nur wenige Menschen sind bescheiden genug,
um zu ertragen, dass man sie richtig einschätzt."
(Vauvenargues)

Prüfen Sie für sich selbst, ob der andere mit seiner Kritik Recht hat. Wenn ja, dann seien Sie ihm dankbar! Ohne seine Aufmerksamkeit hätten Sie einen Fehler vielleicht nicht erkannt. So hilft der andere Ihnen, ob er es nun will oder nicht, in Ihrem Leben etwas zu verbessern! Also, wenn das kein Grund für ein „Danke" ist?!

Ist der andere im Unrecht, dann hat er einfach nur eine andere Meinung. Die darf er haben.

Vielleicht wird auch Ihr neuer Optimismus kritisiert und Ihnen wird vorgeworfen, Sie seien blauäugig und unrealistisch. Na und?

„Manchmal lässt es sich nicht vermeiden,
dass man Anstoß nimmt."
(Vincent van Gogh)

Was um alles in der Welt ist denn daran so schlimm? Schließlich gehört die Meinungsfreiheit zu unserer freiheitlich demokratischen Grundordnung. Und Sie leben in unserem Land! Noch Einwände? Kritische Worte? Na gut, ist ja dann Ihre Meinung!

Leben Sie nach dem Motto: „Ich bin okay, Du bist okay." Bleiben Sie locker!

Wenn Sie selbst jemanden kritisieren, dann basiert Ihre Kritik wahrscheinlich auf einer der folgenden drei Möglichkeiten:

1. Sie nörgeln an dem anderen herum, weil er etwas hat, was Sie nicht haben. Das können bestimmte Eigenschaften sein, die Sie gerne hätten, Aufmerksamkeiten, die Ihnen abgehen, Dinge, die Ihnen fehlen. Der Pessimist neidet gern.

„Die Anzahl der Neider bestätigt unsere Fähigkeiten."

(Oscar Wilde)

Der Optimist sieht in den positiven Eigenschaften einen Impuls für die eigene Entwicklung. Er versucht, den Erfolg des anderen zu modellieren, sieht ihn als Vorbild für die Verwirklichung eigener Ziele.

2. Sie bekritteln eine in Ihren Augen schlechte Eigenschaft eines anderen Menschen. Kann es sein, dass Sie diese Eigenschaft selber haben? Wie sagt uns ein altes Sprichwort:

„Man betrachtet andere mit Adleraugen, sich selbst mit Maulwurfsaugen."

Ist ja auch viel leichter, den anderen zu verändern als sich selbst. Beispiel: Ist der andere unehrlich und bringt Sie auf die Palme, dann prüfen Sie, ob Sie denn selbst immer mit sich und anderen ehrlich waren. Na, sehen Sie, so einfach kann das Leben sein!

3. Ihr Gegenüber hat eine Eigenschaft, die Sie stört. Er löst mit seinem Verhalten bei Ihnen ein Gefühl aus, das Sie schon aus früheren Zeiten kennen – sei es, dass Sie sich nicht verstanden fühlen, sei es, dass Sie sich alleingelassen fühlen oder dass Sie sich klein vorkommen.

„Wer andere erkennt ist klug, wer sich selbst erkennt ist weise."
(Laotse)

Nicht selten tauchen alte Konflikte mit Angehörigen wieder in neuen Beziehungen auf. Diese Konflikte können Ihnen privat wie beruflich begegnen. Erst durch das Lösen der alten emotionalen Belastungen lösen sich dann auch aktuelle Auseinandersetzungen. Als Optimist können Sie in der Zukunft solche Situationen nutzen, um mit sich selbst und Ihrer Vergangenheit ins Reine zu kommen.

Wie das möglich ist, erfahren Sie auf der Webseite www.inner-clearing.de.

opti-Übung

Über wen ärgern Sie sich zur Zeit?

....

....

....

....

....

....

Oder worüber ärgern sich Sie immer wieder?

....

....

....

....

....

....

Angenommen, Sie wüssten, dass Sie nur noch 24 Stunden zu leben hätten, würden Sie sich immer noch genauso über die Situation oder diesen Menschen ärgern?

Was würde sich ändern?

....

....

....

....

....

Wie können Sie dieser Situation oder Person mit mehr Gleichmut und Gelassenheit begegnen?

....

....

....

....

....

Mein Tageserfolg:

....

....

„Ich bin offen für Verbesserungen!"

22. Entscheidung „Ich liebe!"

Liebe ist für uns Menschen die Kraft, die Leben schafft. Die meisten verbinden mit „lieben" in erster Linie „geliebt werden", denn sie wollen erst nehmen, dann geben. Bekommen sie nicht die Zuneigung, die sie erwarten, dann reagieren sie abweisend oder gar verletzend. Das hat mit Liebe natürlich nichts zu tun.

> „Die Liebe ist so unproblematisch wie ein Fahrzeug. Problematisch sind nur die Lenker, die Fahrgäste und die Straße."
>
> (Franz Kafka)

Was ist Liebe wirklich? Ich bin ehrlich, es ist schwer, „Liebe" zu beschreiben. Zu oft wird Liebe rationalisiert, schematisiert und in gesellschaftliche Korsetts gepackt. Immer ist dabei der Verstand beteiligt, und oft wird sie mit Sexualität auf eine Stufe gestellt.

Die Liebe hat viele Gesichter. Liebe ist zuallererst einmal ein Gefühl, ein wunderbares Gefühl, ein wahres Lebenselixier - über den Verstand kaum zu erklären.

> „Schön ist eigentlich alles, was man mit Liebe betrachtet."
>
> (Christian Morgenstern)

Erinnern Sie sich an eine Zeit, in der Sie frisch verliebt waren? Ja? Wie fühlten Sie sich? Ich wette, Sie hatten so viel Kraft, dass Sie Bäume hätten ausreißen können. Sie brauchten kaum Schlaf, kaum Essen, aber hatten Energie ohne Ende.

In einer solchen Lebensphase erleben wir Liebe in einer sehr reinen Form. Wer wirklich liebt, akzeptiert seinen Partner, wie er ist, mit all seinen kleinen oder großen Schwächen. Akzeptanz ist einer der wichtigsten Grundpfeiler der Liebe.

Liebe heißt geben, nicht nehmen. Machen Sie Ihre Zuneigung nicht von der Reaktion anderer abhängig. Machen Sie es wie Goethe, der einst sagte: „Ich liebe Dich – na und? Was geht es Dich an!" Es ist Ihre freie Entscheidung. Sie dürfen jeden und alles lieben! Investieren Sie und vertrauen Sie der größten Kraft, die wir Menschen haben!

„Liebe ist wie eine einsame Berghütte;
man findet immer nur das vor, was man selbst mitbringt."
(Eugen Roth)

Lieben kann man lernen wie den Optimismus. Beide sind eng miteinander verbunden. Als Optimist erkennen Sie die liebenswerten Qualitäten Ihrer Mitmenschen, richten Ihre Aufmerksamkeit auf deren Stärken und nehmen deren Schwächen an. Sie hören auf zu verletzen, da Sie auch erkennen, dass Sie sich selbst dabei am meisten schaden.

Verwenden wir die einzelnen Buchstaben von Liebe, also L.I.E.B.E., können wir einen Leitspruch ableiten: „Lasse Immer Eine Brücke Entstehen!" Genau das machen wir als Optimisten: Wir reichen jedem die Hand, stärken unsere Mitmenschen mit Menschlichkeit, ehrlicher Anerkennung und einer liebevollen Grundhaltung.

„Wenn auf der Erde die Liebe herrschte,
wären alle Gesetze entbehrlich."
(Aristoteles)

Lieben Sie sich selbst, auch Ihre Schwächen! Sie haben ein Recht, auf der Welt zu sein! Sie gehören dazu! Und: Lieben Sie das Leben!

Wenn es Ihnen ab heute gelingt – und davon gehen wir Optimisten aus –, mehr und mehr alles und jeden zu akzeptieren, und wenn Sie bereit sind, das Gute in allem und jedem zu entdecken, dann sind Sie auf dem richtigen Weg.

„Glücklich ist allein die Seele, die liebt."
(Johann Wolfgang von Goethe)

Lieben Sie Ihre Probleme, lieben Sie Ihre Sorgen, lieben Sie Ihre menschlichen Unzulänglichkeiten – und das Leben beginnt, Sie zu lieben. Lassen Sie sich vom Leben lieben.

Probieren Sie es heute aus! Lassen Sie sich überraschen! Aber seien Sie nicht überrascht, wenn das Leben Sie heute umarmt.

opti-Übung

Konzentrieren Sie sich heute auf das Wort „Liebe"! Strahlen Sie diese Liebe aus!

Erinnern Sie sich an den Leitsatz: „Lasse immer eine Brücke entstehen!"

Sagen oder schreiben Sie heute mindestens drei Ihrer Mitmenschen, dass Sie sie lieben und teilen Sie Ihnen auch mit, was Sie an ihnen schätzen und lieben!

1. ....

2. ....

3. ....

zu 1. ....

....

zu 2. ....

....

zu 3. ....

....

Mein Tageserfolg:

....

....

„Ich liebe!"

23. Entscheidung:
„Ich konzentriere mich auf das Wesentliche!"

Wie leicht lassen Sie sich ablenken? Wie oft rutschen Sie wieder ins alte Fahrwasser zurück? Wie viel Zeit verplempern Sie täglich mit Dingen, die Sie im Leben nicht wirklich weiterbringen?

Am heutigen Tag geht es darum, zu lernen, sich mehr und mehr auf das Wesentliche im Leben zu konzentrieren.

Konzentriert sind Sie immer, auch wenn Sie den Eindruck haben, Sie schweifen mit Ihren Gedanken ab. Das mag sein, doch dabei sind Sie vollkommen konzentriert auf die abschweifenden Gedanken. War jetzt irgendwie schwer zu verstehen, oder?

Also dann anders: Sie sind immer konzentriert auf das, was Ihnen Spaß oder Freude macht. Sehen Sie einen spannenden Film, besuchen Sie ein großartiges Konzert oder ein zauberhaftes Musical, dann sind Sie hoch konzentriert. Fehlt Ihnen aber die Begeisterung, dann schweifen Sie ab und Sie denken konzentriert an das, was Ihnen jetzt mehr Spaß machen würde.

So passiert es jeden Tag Abertausenden von Schülern, die – statt dem oft langweiligen Unterricht zu folgen – an ihre Spielsachen, an ihr Kinderzimmer oder an ihre Hobbys denken.

Ich gestehe, auch ich gehörte früher zu den Schülern, die sich nur schwer auf den Unterricht konzentrieren konnten. Für mich heute kein Wunder! Sport, Freizeit und ab einem gewissen Alter auch das Interesse am anderen Geschlecht waren meiner Konzentrationsfähigkeit während der Schulstunden doch sehr abträglich.

Wie wichtig die Konzentration ist, hat schon Napoleon gewusst. Er schrieb:

„Was ist das Geheimnis meiner Erfolge? Meine Talente sind es nicht, die mich hochgebracht haben. Etwas anderes ist es. Ich habe die Fähigkeit, mein Gehirn zu behandeln, als bestünde es aus Hundert und Aberhundert kleinen verschließbaren Fächern. Wenn ich mich mit der Sache A beschäftige, so ist in meinem Geist nur das Fach A geöffnet. Meine Stärke liegt in der an sich einfachen Fähigkeit, meine ganze Gedankenkraft immer gerade auf denjenigen Punkt zu konzentrieren, mit dem ich mich befasse. Die meisten Menschen tun das nicht. Sie teilen ihre Gedankenarmeen, machen sich dadurch ohnmächtig und können daher im Lebenskampf niemals große und entscheidende Schlachten gewinnen."

Konzentration ist so einfach! Tun Sie etwas, was Ihnen Freude macht und Sie sind automatisch ganz bei der Sache. Sind Sie konzentriert, dann wirken Ihre Gedanken wie Laser, gebündeltes Licht, das „zündend" wirkt. Wenn Sie Ihren Verstand ganz auf eine Tätigkeit richten, können Sie innerhalb kurzer Zeit sehr viel erreichen.

Konzentrieren Sie sich auf Ihre Ziele und auf das, was Ihnen und Ihrer Umwelt wirklich hilft!
Konzentrieren Sie sich auf die Möglichkeiten, die Ihnen das Leben jeden Tag bietet!
Konzentrieren Sie sich auf optimistische Menschen, die Sie in Ihrem neuen Denken unterstützen!
Konzentrieren Sie Ihre Gedanken in eine positive Richtung, lösungs- und zukunftsorientiert!

Darauf kommt es an! Vermeiden Sie Nachrichten, die Sie runterziehen. Vermeiden Sie Menschen, die Ihnen Zeit und Energie rauben. Als Optimist werden Sie aber bald in der Lage sein, in jeder noch so negativen Nachricht etwas Hilfreiches und Gutes zu entdecken. Es gelingt Ihnen auch, gegenüber Zeiträubern „Nein" zu sagen und sie stattdessen zu ermutigen, die Welt in einem besseren Licht zu sehen!

**opti**-Übung

„Der Gedankenlaser"
Nehmen Sie ein leeres Blatt Papier und schreiben Sie mit einem Wort oder einem kurzen Satz Ihr Ziel in die Mitte. Dann kreisen Sie dieses Ziel mit einem Stift ein. Führen Sie als Rechtshänder die Kreisbewegungen gegen den Uhrzeigersinn aus. Als Linkshänder zeichnen Sie Ihre Kreise im Uhrzeigersinn.

Umkreisen Sie Ihr Ziel ca. drei Minuten lang. Blicken Sie dabei immer auf das Innere des Kreises, also auf Ihr Ziel. Sehen Sie sich im Ziel, konzentrieren Sie sich auf den erwünschten Endzustand, während Sie Ihre Kreisbewegungen ausführen. Führen Sie diese Übung ab jetzt täglich durch. Beachten Sie aber auch hier, dass die Übung nur dann einen positiven Effekt hat, wenn sie Ihnen Spaß macht.

Mein Tageserfolg:

....

....

„Ich konzentriere mich auf das Wesentliche!"

24. Entscheidung:
„Ich bin voller Vertrauen!"

„Ja, aber ...", „Ich kann nicht ...", „Ich weiß nicht ...", „Ich habe Angst ..." oder „Soll ich wirklich?" – das sind klare Hinweise auf innere Blockaden, die einer optimistischen Grundhaltung entgegenwirken. Sie spiegeln Ängste wider, und Ängste sind der Nährboden für negative Vorstellungen und Erfahrungen.

Eine solche Blockade teilt sich in der Regel über ein Gefühl mit. Wenn Sie eine Blockade erkennen, haben Sie die Wahl: Sie können dieses unangenehme Gefühl verdrängen und es in eine Ecke Ihres Unterbewusstseins sacken lassen – dorthin, wo es her kommt. Sie können sich aber auch mit diesem Gefühl bewusst auseinandersetzen und einen geeigneten Weg finden, um diese Blockade in Ihrem Inneren zu lösen.

Innere Blockadehaltungen, Befürchtungen, Ängste haben wir alle – denn wir sind geprägt durch Erfahrungen und Lebensumstände. Das macht den Umgang mit aktuellen Problemen manchmal nicht leicht. Es besteht die Befürchtung, es könnte noch mal ganz genauso negativ verlaufen wie damals.

„Im Durchschnitt ist man kummervoll
und weiß nicht, was man machen soll."
(Wilhelm Busch)

Nehmen Sie Ihre Befürchtungen ernst, akzeptieren Sie sich grundlegend. Zweifel gehören im Leben dazu. Sie dürfen Ängste und Blockaden haben!

Manche Ängste sind überlebensnotwendig, die meisten jedoch völlig überflüssig. Normalerweise sind Ängste eine emotionale Folge von nicht verarbeiteten Erlebnissen. Diese können unterschiedlich stark und lebenseinschränkend sein. Auch deren Entstehungszeit kann lange zurückliegen, oft jenseits der Erinnerung.

„Einem Kind, das sich im Dunkeln fürchtet, verzeiht man gerne. Tragisch wird es erst, wenn Männer das Licht fürchten."
(Platon)

Versagensängste, ob sie nun im Beruf oder Privatleben auftauchen, sind z. B. oft eine Auswirkung von Geburtstraumen oder Enttäuschungen während der Schulzeit. Auch Ängste oder Unsicherheiten, die Sie im Verhältnis zu Ihren Mitmenschen erleben, haben Gründe, die sich häufig in der Kindheit entwickelt haben. Aber auch hier gilt: Keine Angst! Sie können mit einer optimistischen Übung, z. B. dem „Inner Clearing", schnell und nachhaltig gelöst und in positive Glaubenssätze umgewandelt werden.

Neben entsprechenden Übungen und Techniken braucht es allerdings noch das Wichtigste: Vertrauen!

„Vertrauen ist Mut, und Treue die Kraft."
(Marie von Ebner-Eschenbach)

Als Optimist glauben Sie an das Gute. Das haben Sie inzwischen gelernt. Zum Vertrauen ist es dann nicht mehr weit!

Vertrauen Sie Ihrem neuen Denken! Vertrauen Sie Ihren Entscheidungen, die Sie getroffen haben! Vertrauen Sie Ihrem Gefühl, das Sie in den letzten Tagen entwickelt haben!

Wenn es Ihnen gelingt, Ihr Selbstvertrauen weiter zu erhöhen, dann öffnen sich immer mehr Türen zu den unerschöpflichen Schätzen Ihres Lebens.

> „Ein guter Amboss fürchtet keinen Hammer."
> (Deutsches Sprichwort)

Die höchste Form des Vertrauens ist das Gottvertrauen. Dazu müssen Sie nicht einer bestimmten Religion angehören. Die ursprüngliche „religio" ist die Lehre vom „Vertrauen in den Ursprung, die Schöpfung". Das ist die Basis aller Kulturen und Religionen. Ob die Kulturen der Antike oder der Neuzeit, ob östlich, westlich oder abendländisch geprägte Religionen – sie haben alle den selben Ursprungsgedanken und sind daher von Grund auf sehr ähnlich.

> „Der Herr ist bei mir, ich fürchte mich nicht."
> (Aus der Bibel, Psalm 118,6)

Die wahre „religio" beachtet die menschlichen Werte. Das sind u. a. Liebe, Weisheit, Frieden, Respekt und Verständnis. Alle großen Meister waren Optimisten, und sie wollten mit ihren Ideen und Philosophien der Menschheit genau diese Werte bewusst machen.

Haben Sie das Vertrauen, dass das Leben immer das Beste für Sie bereithält. Fühlen Sie sich wert, dass die Schöpfung Sie liebt und alles dafür tut, dass Sie glücklich und erfolgreich sind!

opti-Übung

Verändern Sie folgende Glaubenssätze ins Positive:

„Ich kann im Leben nicht alles erreichen."

....

„Man kann sich nicht alle Wünsche erfüllen."

....

„Erfolg zu haben ist mühsam."

....

„Im Leben wird man immer enttäuscht."

....

„Krankheiten sind unvermeidbar."

....

„Ich bin nichts wert."

....

Mein Tageserfolg:

....

....

„Ich bin voller Vertrauen!"

25. Entscheidung: „Ich halte durch!"

Manches braucht seine Zeit, bis es sich in Ihren Lebensumständen zeigt! Das ist normal! Auch Rom ist nicht an einem Tag gebaut worden!

„Der Langsamste, der sein Ziel nicht
aus den Augen verliert,
geht immer noch geschwinder als der,
der ohne Ziel herumirrt."
(Gotthold Ephraim Lessing)

Lassen Sie Ihre Ziele nie aus den Augen! Solange Ihr Ziel tief in Ihnen ein gutes und angenehmes Gefühl auslöst, stimmt es für Sie. Falls dieses nicht zutrifft, prüfen Sie bitte, ob Ihr Ziel vielleicht überholt ist oder Ihnen eine innere Unsicherheit einen Streich spielen will. Letzteres kommt sehr häufig vor. Ihr Unterbewusstsein ist sehr einfallsreich und möchte an gewohnten, wenn auch überflüssigen Programmen festhalten. Also Achtung!

„Es gibt mehr Leute, die kapitulieren,
als solche die scheitern."
(Henry Ford)

Geben Sie nie zu früh auf! Vieles muss einfach immer wieder geübt und praktiziert werden, bis es funktioniert. Die meisten Menschen wollen einen schnellen Gewinn ohne großen Einsatz, am besten alles und sofort. Sich um etwas bemühen, wird als mühsam angesehen, lieber lässt man es gleich bleiben. Worum man sich aber nicht bemühen muss, ist meist auch nicht der Mühe wert.

Sie gewinnen nur, wenn Sie entschieden, mutig, zuversichtlich und vor allem beharrlich ans Werk gehen.

Machen Sie sich bewusst, dass der Erfolgreiche in den meisten Fällen viel mehr Misserfolge hat als der Erfolglose. Der Erfolglose gibt nach ein paar Versuchen auf nach dem Motto: „Es geht nicht, na ja, ich habe es aber immerhin probiert." Der Erfolgreiche sieht in jedem Fehlschlag den Hinweis, es anders zu machen.

„Die größte Schwäche des Menschen liegt im Aufgeben! Es lohnt sich immer, es noch einmal zu versuchen!"

Dieser berühmte Satz stammt von Thomas Alva Edison, dem grandiosen amerikanischen Erfinder. Er brauchte mehr als 6000 Versuche, bevor seine Glühbirne brannte. Nach jedem Fehlschlag sagte er: „Wieder eine Möglichkeit weniger, wie es nicht geht." Dabei glaubten nur wenige an seinen Erfolg, wie so oft in seinem Leben. Zum Schluss stand er als strahlender Sieger und seine Kritiker standen als Verlierer da.

Abraham Lincoln verlor über Jahrzehnte eine Wahl nach der anderen. Er gab aber nie auf und wurde letztendlich 1860 Präsident der Vereinigten Staaten von Amerika.

Das sind nur zwei Beispiele aus der Geschichte. Im Grunde genommen verbindet diese Einstellung die meisten erfolgreichen Menschen auf diesem Erdball. Fast jede Biographie liest sich ähnlich. Selten ist einem Menschen der Erfolg einfach in den Schoß gefallen.

Ein chinesisches Sprichwort sagt:

„Dem Menschen wäre nichts unmöglich, hätte er die Beharrlichkeit!"

Haben Sie sich ein wirklich sinnvolles Ziel gesetzt, dann gilt für Sie als Optimist jetzt: Durchhalten! Halten Sie durch, bis Sie am Ziel angekommen sind. Nehmen Sie sich ein erfolgreiches Vorbild! Was andere erreicht haben, können auch Sie erreichen, egal, welche Umstände vorliegen. Alle Kraft liegt in Ihnen, vergessen Sie das nicht!

„Wer ein Ziel hat,
lässt sich auch von schlechten Straßen und
dichtem Nebel nicht aufhalten."
(Unbekannt)

Verlassen Sie sich dabei auf Ihre Stärken, glauben Sie an Ihren Erfolg und folgen Sie Ihrer inneren Stimme. Sie wird Ihnen sagen, in welche Richtung Sie sich entscheiden müssen, um schnellstmöglichst ans Ziel zu kommen.

„Wenn die anderen glauben, man ist am Ende,
so muss man erst richtig anfangen."
(Konrad Adenauer)

Und seien Sie achtsam, wenn Ihre Mitmenschen Ihre Ziele kommentieren. Oft sind diese Kommentare wenig hilfreich, mitunter wecken sie in Ihnen Zweifel. Hören Sie nur auf die Menschen, von denen Sie wissen, dass sie selbst erfolgreich sind oder waren und für Sie das Beste wollen. Im Übrigen machen Sie es bei Ihrer Zielerreichung wie die Hühner: Erst gackern, wenn das Ei gelegt ist!

 -Übung

Hängen Sie sich einen Merkzettel an einen Platz, an dem Sie mehrmals am Tag vorbeikommen. Auf diesem Zettel steht: „Ich halte durch!"

Finden Sie für sich ein geeignetes Vorbild an Durchhaltevermögen. Das kann ein berühmtes Vorbild aus der Geschichte, aber auch ein Bekannter, Freund, Familienmitglied, Vorgesetzter oder wer auch immer sein. Finden Sie sein Geheimnis des Erfolges und nehmen Sie seine für den Erfolg ausschlaggebenden, positiven Eigenschaften an. Stellen Sie sich vor, Sie wandeln in seinen Fußstapfen!

Mein Tageserfolg:

....

....

„Ich halte durch!"

26. Entscheidung: „Ich sehe das Gute!"

Optimisten hauen die anderen nicht in die Pfanne! Optimisten sehen in jedem Menschen das Gute! Sie haben es gelernt, sich selbst und Ihre Mitmenschen zu lieben. Sie sind Meister der Menschenkenntnis und legen ihren Fokus auf die positiven Eigenschaften Ihres Gegenübers. Ihre Absicht ist es, den anderen zu fördern und zu stärken, nicht, ihn zu demütigen oder zu entwürdigen. Sie zeigen immer Respekt und akzeptieren den anderen in seinem Anderssein.

> „Wer die anderen neben sich klein macht, ist nie groß."
> (Johann Gottfried Seume)

Beobachten Sie die Menschen und entdecken Sie an ihnen die guten Seiten. Jeder Mensch ist von Grund auf rein und gut. Kein Mensch kommt böse oder als „Kotzbrocken" zur Welt. Erst die Umwelt macht aus den Menschen, was sie sind.

> „Lebenskunst ist zu 90 Prozent die Fähigkeit,
> mit Menschen auszukommen, die man nicht mag."
> (Samuel Goldwyn)

Einen Menschen zu lieben, der Ihnen wohlgesonnen ist, ist nicht wirklich eine Kunst. Eine Kunst ist es, einen Menschen zu lieben, der Sie offensichtlich ablehnt.

Strecken Sie einem solchen Menschen die Hand entgegen, denn Liebe hat siegende Waffen. Lieben Sie im wahrsten Sinne „auf Teufel komm raus"! Wenn Ihnen das gelingt, dann haben Sie als Mensch eine hohe Stufe der Menschlichkeit erreicht.

„Der einzige Mensch, der sich vernünftig benimmt,
ist mein Schneider.
Er nimmt jedes Mal neu Maß, wenn er mich trifft,
während alle anderen immer die alten Maßstäbe anlegen
in der Meinung, sie passten auch heute noch."
(George Bernard Shaw)

Lösen Sie sich von Vorurteilen. Legen Sie diese ab. Betrachten Sie jeden Menschen in einem neuen Licht, als ob Sie ihn gerade erst kennenlernen würden. Tatsächlich kann sich jeder Mensch ändern, jeden Tag. Sie sind doch gerade das beste Beispiel dafür.

Nehmen Sie die negativen Reaktionen der anderen nicht mehr persönlich. Die Abneigung der anderen entsteht meist aus Unsicherheit, aus Angst, manchmal aus Neid. Stellen Sie sich nicht auf deren Stufe, denn dann sind Sie nicht anders.

Lehnen Sie selbst noch einen anderen ab, kommt dieses einer Verurteilung gleich. Hören Sie auf damit. Das ist eines Optimisten nicht würdig. Jeder Mensch hat einen guten Kern. Machen Sie sich das immer bewusst. Keiner ist vollkommen. Wir machen alle Fehler.

„Studiere die Menschen,
nicht um sie zu überlisten und auszubeuten,
sondern um das Gute in ihnen aufzuwecken
und in Bewegung zu setzen."
(Gottfried Keller)

Klären Sie lieber für sich, warum Sie in einer bestimmten Art reagieren, was der andere also demnach in Ihnen hervorruft. Sie lernen sich so selbst besser kennen. Denken Sie an eine buddhistische Regel: „Wer mit dem Finger auf den anderen zeigt, zeigt mit drei Fingern auf sich selbst!" Probieren Sie es aus. Wenn Sie Ihren Zeigefinger auf jemanden richten, zeigen Sie mit Ihrem Mittel-, Ring- und kleinen Finger auf sich selbst.

Verstanden? Ansonsten erinnere ich Sie an das Kapitel 21.

 –Übung

Fertigen Sie eine lange Liste an mit all Ihren Freunden, Bekannten, Familienangehörigen, Kollegen, etc. Denken Sie im Besonderen an diejenigen, die Sie gar nicht mögen!

Notieren Sie zu jeder dieser Personen mindestens drei positive Eigenschaften.

Freunde:

....

....

....

....

Bekannte:

....

....

....

....

Familienangehörige:

....

....

....

....

Kollegen:

....

....

....

....

Sonstige:

....

....

....

....

Sehen Sie jeden Menschen in einem positiven Licht vor sich und schicken Sie ihm in Gedanken Ihr Wohlwollen und Ihre grundlegende Akzeptanz!

Mein Tageserfolg:

....

....

„Ich sehe das Gute!"

27. Entscheidung: „Ich zeige Nähe!"

Zwischenmenschliche Nähe ist ein notwendiges Lebenselixier. Schon Aristoteles erkannte die Wichtigkeit des zwischenmenschlichen Kontakts. Er sagte:

„Schon am Anfang ist die Berührung."

Wir brauchen sie wie die Luft zum Atmen. Ein Kind, das keine Nähe erfährt, stirbt. Ein Mensch, der keine Zärtlichkeit und Berührung bekommt, leidet.

In der Liebe sind Zärtlichkeit und direkter Hautkontakt elementar. Obwohl für uns Menschen der Kontakt zu anderen so wichtig ist, leben wir trotzdem inzwischen in einer Welt der Isolation, der zwischenmenschlichen Kälte, der körperfeindlichen Tabus. Die hohe Zahl der Singlehaushalte spricht hier für sich.

„Viel Kälte ist unter den Menschen, weil wir nicht wagen, uns so herzlich zu geben, wie wir sind."
(Albert Schweitzer)

In diesem Korsett der Normen und Erziehungsmuster drohen viele zu ersticken. Berührungen haben einen großen Anteil an unserer seelischen und körperlichen Gesundheit. Durch den Hautkontakt mit anderen werden Energien und Glückshormone freigesetzt, die für unser Wohlbefinden überaus wichtig sind.

„Wir haben gelernt, wie die Vögel zu fliegen,
wie die Fische zu schwimmen;
doch wir haben die einfache Kunst verlernt,
wie Brüder zu leben."
(Martin Luther King)

Es gibt viele Möglichkeiten, Nähe und Zärtlichkeit zu vermitteln: durch Gesten und Blicke, durch ein Lächeln oder ein Wort.

Wann haben Sie Ihrem oder Ihrer Liebsten das letzte Mal gesagt: „Ich liebe Dich!" oder „Schön, dass es Dich gibt!"? Habe ich Sie erwischt? Kein Problem! Fangen Sie an, wieder Ihre Gefühle zu äußern! Das können Sie sagen oder schreiben. Das tut nicht nur Ihrem Partner gut, sondern weckt auch in Ihnen Glücksgefühle. Probieren Sie es aus! Noch besser: Tun Sie es einfach!

„Zärtlichkeit ist hautnahe Verehrung."
(Jean-Paul Belmondo)

Ihre ganze Körperhaltung kann zeigen, wie aufgeschlossen Sie Ihrem Gesprächspartner gegenüber sind. Stehen Sie vor ihm mit verschränkten Armen oder Beinen, machen Sie allein über diese Haltung deutlich, dass Sie keine Lust auf ein längeres Gespräch haben. Sie bauen eine Barriere auf. Zeigen Sie sich offen und dem anderen zugewandt, zeigen Sie Ihre Handflächen, öffnen Sie Ihre Arme. Schauen Sie Ihren Mitmenschen aufrichtig in die Augen, ohne sie anzustarren. Führen Sie ehrliche und offenherzige Gespräche. Sprechen Sie Gefühle an! Lernen Sie „subkutanes" Sprechen, das heißt, lernen Sie, mit Worten zu zaubern, die unter die Haut gehen. Lernen Sie vor allem wieder zu-zuhören – noch besser hin-zuhören.

„Reden können ist nicht so viel wert wie zuhören können."
(Chinesisches Sprichwort)

Hören Sie mit dem Herzen, was Ihr Gegenüber Ihnen wirklich sagen will. Mit Ihrem Herzen nehmen Sie auch die kleinen und leisen Zwischentöne wahr, die Sie sonst mit Ihrem Verstand überhören würden. Eine nette Geste, eine freundschaftliche Umarmung, ein offener Blick oder ein anerkennendes Wort, das die Seele berührt, kann viel Gutes bewirken und sogar heilend sein.

Seien Sie aber immer so einfühlsam, dass Sie keine Grenzen überschreiten. Beachten Sie, dass es Zonen gibt, die für Sie bei aller Aufgeschlossenheit tabu sind und bleiben. Ich bin jetzt aber so optimistisch, dass ich glaube, Sie werden genau fühlen, welche Nähe wann in welcher Form für alle Beteiligten gut ist.

Berühren Sie Ihre Welt, berühren Sie die Menschen mit Ihrer Wärme und Ihren Worten. Erinnern Sie sich an Jesus, der mit seinen Worten und Berührungen wahre Wunderdinge vollbrachte.

opti-Übung

Finden Sie heute einen Partner, mit dem Sie diese interessante Übung machen können:

Lassen Sie sich die Augen verbinden. Dann soll Ihr Partner Sie im Freien ins „Reich der Sinne" führen. Berühren Sie mit geschlossenen Augen die Natur, fühlen Sie die Rinde oder die Blätter eines Baumes. Spüren Sie die Struktur einer Blüte, eines Steines, eines Gegenstands usw. Erklären Sie Ihrem Partner, was Sie mit Ihren Händen wahrnehmen. Nach 20 Minuten wechseln Sie sich ab.

Ist Ihr Partner Ihnen sehr vertraut, ist vielleicht zur Belohnung eine gegenseitige Rückenmassage angesagt.

Mein Tageserfolg:

....

....

„Ich zeige Nähe!"

28. Entscheidung: „Ich lebe gesund!"

„Gesundheit ist nicht alles, aber ohne Gesundheit ist alles nichts!"

Dieser berühmte Satz von Arthur Schopenhauer macht deutlich, wie elementar wichtig unsere Gesundheit ist.

Wie oft haben Sie schon in einem Krankheitsfall von Ihrem Arzt gehört: „Sie müssen jetzt positiv denken, dann wird das schon." Da hatte er nicht ganz Unrecht. Richtig ist aber auch, dass es gar nicht so einfach ist, so zu denken, wenn es einem wirklich hundeelend geht.

Krankheit ist immer ein Energiemangel, sonst könnten Sie nicht krank werden. Wenn Sie sich schlapp fühlen, ist das ein sicheres Zeichen für fehlende Lebenskraft. Immer ist der Mensch als Ganzes betroffen. Sind Sie mit sich selbst und mit Ihrer Umwelt im inneren Gleichgewicht, können Sie grundsätzlich nicht krank werden.

„Die besten Ärzte der Welt sind:
Dr. Diät, Dr. Ruhe und Dr. Fröhlich."
(Jonathan Swift)

Geben Sie Ihrem Körper nur das Beste! Stellen Sie Ihre Ernährung um. Sorgen Sie dafür, dass Ihr Körper mit genügend Obst, Gemüse und ausreichend Vitalstoffen versorgt wird. Verzichten Sie grundsätzlich auf Weißmehlprodukte und zuckerhaltige Speisen. Auch Milchprodukte sollten nur in geringem Maße gegessen oder getrunken werden. Als Mensch gehören wir zur Gattung der Säugetiere und Milch ist grundsätzlich nur zur Stillzeit wirklich gesund.

Trinken Sie ausreichend Wasser, am besten reines Quellwasser, zwei bis drei Liter täglich. Wasser reinigt und entschlackt. Sie würden Ihre Wäsche sicher auch nicht mit Cola oder Milch waschen, oder?

> „Gesundheit kauft man nicht im Handel,
> sie liegt im Lebenswandel."
>
> (Karl Kötschau)

Sorgen Sie für ausreichend gesunden und erholsamen Schlaf! Nehmen Sie Ihre letzte Mahlzeit so ein, dass Sie nicht mit vollem Magen ins Bett gehen! Sie schlafen dann schlecht und wachen morgens wie gerädert auf. Bereinigen Sie den Tag am Abend auch innerlich! Fragen Sie sich, was Sie tagsüber alles richtig und gut gemacht haben. Bedanken Sie sich für die vielen wunderbaren Ereignisse und Begegnungen!

Vor allem aber: Entdecken Sie Ihren Körper neu! Wissen Sie eigentlich, welches Wunderwerk Sie bewohnen? Ihr Körper besteht aus etwa 70 Billionen Zellen! Über Ihr Gehirn und Ihr Nervensystem stehen alle Körperzellen ständig miteinander in Verbindung und stimmen ihre Funktionen aufeinander ab. Viele Millionen Aufgaben werden so in jedem Augenblick bewältigt. Selbst wenn Sie meinen, Sie tun nichts, arbeitet Ihr Gehirn auf Hochtouren. Es koordiniert Herzschlag, Verdauung, Atmung, Nierentätigkeit, Stoffwechsel und vieles mehr. Unglaubliches spielt sich in Ihrem Körper ab.

Und das Faszinierende daran ist: Sie selbst haben es in der Hand, wie es Ihnen geht. Niemand anderes ist für Ihre Gesundheit verantwortlich. Niemand!

„Die Scheu vor der Verantwortung
ist eine Krankheit unserer Zeit."
(Otto von Bismarck)

Ihr Denken spielt hier eine wesentliche Rolle. Wenn Sie erkennen, dass sich Ihre Gedanken als Energiequelle bewusst oder unbewusst auf Ihr körperliches Wohlbefinden auswirken, können Sie Ihre eigenen Selbstheilungskräfte aktivieren und so zu Ihrer Heilung selbst beitragen. Als Optimist können Sie die Energie der Gedanken auf den für Ihre Gesundheit richtigen Kurs lenken. Übernehmen Sie daher ab heute Verantwortung für Ihren Körper!

„Jede Krankheit hat ihren besonderen Sinn,
denn jede Krankheit ist eine Reinigung;
man muss nur herausbekommen, wovon."
(Christian Morgenstern)

Denken oder sprechen Sie so oft es geht: „Ich fühle mich von Tag zu Tag immer wohler und wohler" oder „Meine Lebensenergie ist hoch!" „Ein wunderbares Wohlgefühl fließt heilend durch meinen Körper". Schon beim Lesen werden Sie eine wohltuende Wirkung bemerken. Wiederholen Sie diese Sätze regelmäßig und nachdrücklich! Ihre Selbstheilungskräfte werden dadurch aktiviert.

So sieht der Optimist eine Krankheit auch nicht als Bedrohung oder gar als Feind, sondern erkennt in ihr eine wichtige Aufforderung des Körpers, die innere Harmonie wiederherzustellen. Der Optimist findet die wahre Ursache seiner körperlichen Not und beseitigt sie schnellstmöglich mithilfe positiver Gedanken und Gefühle.

„Nicht Wünschelruten, nicht Alraune,
die beste Zauberei liegt in der guten Laune."
(Johann Wolfgang von Goethe)

Denken Sie daher immer lösungsorientiert, einfach optimistisch! Packen Sie Ihre Aufgaben selbstbewusst und mutig an, kommunizieren Sie offen und aufrichtig und folgen Sie bei Entscheidungen Ihrer inneren Stimme! Sprühen Sie vor Lebenslust und Freude! Dann haben Sie alle Grundvoraussetzungen für ein starkes Immunsystem geschaffen. Ihr Körper wird es Ihnen mit einer glänzenden Gesundheit danken!

Der Optimist ist fitter und gesünder.
Der Optimist hat starke Selbstheilungskräfte.
Der Optimist schläft besser.
Der Optimist ist konzentrierter.
Der Optimist ist ausgeglichener.
Der Optimist ist leistungsfähiger.
Der Optimist lebt länger.

Wenn Sie mehr über die Zusammenhänge zwischen Körper, Geist und Seele wissen wollen, nehmen Sie einfach Kontakt mit uns auf.

opti-Übung

Reisen Sie in Gedanken durch Ihren Körper. Lenken Sie dabei mit Ihrem Atem in Verbindung mit Ihren Gedanken Lebenskraft in jeden Körperteil, in jedes Organ. Beginnen Sie dabei am Kopf. Gehen Sie weiter über die Arme, den Oberkörper, den Bauch, den Unterkörper bis in die Beine, die Zehen. Zum Abschluss lassen Sie in Gedanken einen wohlklingenden Gong in Ihrem Sonnengeflecht ertönen, der alle Zellen neu belebt und in eine positive Schwingung versetzt.
Ändern Sie Ihre Ernährung! Ihr Körper soll nur das Beste bekommen!

Mein Tageserfolg:

....

....

„Ich lebe gesund!"

29. Entscheidung: „Ich nutze meine Zeit!"

„Ich habe keine Zeit." Wie oft haben Sie das schon gesagt in Ihrem Leben? Unzählige Male? Liegt es daran, dass Sie mit Ihrer Zeit nicht richtig umgehen können oder dass Sie zu viele Zeitfresser in Ihrem Leben haben? Der Tag hat nur 24 Stunden! Zeit ist ein kostbares Gut, das Sie nicht leichtfertig verschwenden sollten. Ihre Zeit gehört Ihnen!

> „Es ist nicht wenig Zeit, die wir zur Verfügung haben, sondern es ist viel Zeit, die wir nicht nutzen."
> (Lucius Anneaus Seneca)

Stress ist höchst ungesund! Stress ist die Ursache für unzählige Erkrankungen. Muten Sie sich und Ihrem Körper diese destruktiven und zerstörerischen Gefühls- und Geistesgifte nicht mehr zu!

Stressfrei leben – auch das können Sie als Optimist! Sie müssen sich in Ihrem Beruf oder zu Hause nicht mehr unter Druck setzen lassen. Sie müssen nicht alles machen, was man von Ihnen verlangt!

> „Das waren noch glückliche Zeiten, als man nach dem Kalender lebte. Jetzt lebt man nach der Uhr."
> (Sacha Guiltry)

Wie wahr! Unsere Vorfahren konnten Ihr Leben, wenn es auch kürzer war, viel mehr genießen.

Wenn Sie das Gefühl haben, etwas tun zu müssen, was Sie nicht wollen, lassen Sie es einfach! Es tut Ihnen nicht gut! Und wenn es Ihnen nicht wirklich guttut, dann ist es für keinen wirklich richtig. Dann spielen Sie nur wieder eine „Lieb Kind"-Rolle und jemand anderes ist zufrieden!

Wenn Sie unter Druck stehen, wollen Sie insgeheim jemanden beeindrucken. Aber Sie müssen anderen nichts beweisen! Sie sind wertvoll genug! Ihre Einmaligkeit ist Ihr Markenzeichen! Prüfen Sie, wann Sie was wirklich machen wollen. Wenn Ihr Herz „Ja" sagt, dann los und das mit voller Kraft! Wenn ein „Nein" aus Ihrem Bauch ertönt, lassen Sie es einfach!

„Man verliert die meiste Zeit damit,
dass man Zeit gewinnen will."
(John Steinbeck)

Teilen Sie Ihre Zeit besser ein! Unterscheiden Sie das, was am jeweiligen Tag dringend erledigt werden sollte, von dem, was nicht wirklich dringend ist. Erledigen Sie alles, was dringlich und wichtig ist, gleich morgens. Dann haben Sie das Unangenehme schon erledigt und können sich entspannt um andere Dinge kümmern. Unterliegen Sie nicht der „Schieberitis" – schieben Sie das Unangenehme nicht auf die lange Bank! Das nervt nur!

„Wenn die Zeit kommt, in der man könnte,
ist die vorüber, in der man kann."
(Marie von Ebner-Eschenbach)

Lernen Sie zu delegieren! Sie müssen nicht immer alles selbst machen! Vertrauen Sie darauf, dass andere auch etwas richtig machen. Wenn Sie eine bestimmte Aufgabe abgeben, können andere daran wachsen. Und Sie können Ihre Zeit anderweitig und sinnvoller nutzen.

> „Wer von seinem Tag nicht zwei Drittel
> für sich selbst hat, ist ein Sklave."
> (Friedrich Nietzsche)

Entscheiden Sie, wie und mit wem Sie Ihre Zeit verbringen wollen! Nehmen Sie sich wieder Zeit für aufbauende Gespräche – am besten mit anderen Optimisten! Gewinnen Sie Zeit für Wesentliches im Leben – für Ihre Ziele, für Ihren Partner, für Ihre Familie, für Ihre Freunde, für Ihre Hobbys, für Ruhe und Entspannung!

opti-Übung

Fragen Sie sich, wie viel Zeit Sie wirklich für das Wesentliche im Leben haben.

Machen Sie einen genauen Erfolgsplan. Wann wollen Sie was erreicht haben?

1. – Wann? ....

    Was? ....

2. – Wann? ....

    Was? ....

3 – Wann? ....

    Was? ....

Setzen Sie sich erreichbare und realistische Zeitpläne. Achten Sie dabei aber darauf, dass Ihr angestrebter Zeitpunkt Sie nicht unter Druck setzt. Sonst verfehlen Sie Ihr Ziel!

Bei der Tagesplanung unterscheiden Sie zwischen
1. wichtigen und dringenden Zielen, die nur Sie erledigen können,

....

....

....

2. wichtigen, aber nicht dringenden Zielen, die nur Sie erledigen können,

....

....

....

3. Zielen, die auch durch andere erreicht und delegiert werden können.

....

....

....

Erledigen Sie die Kategorie 1 zuerst. Lassen Sie sich immer einen genügenden Zeitpuffer!

Falls Sie doch unter Stress geraten sollten, berühren Sie für drei bis fünf Minuten Ihre „Stirnhöcker". Das sind die neurovaskulären Punkte auf beiden Seiten der Mittelstirn, die Sie unbewusst berühren, wenn Sie sich konzentrieren wollen. Durch diese Geste kommen Sie wieder zur Ruhe.

Mein Tageserfolg:

....

....

„Ich nutze meine Zeit!"

30. Entscheidung: „Ich bin ehrlich!"

Warum glaubt man Politikern so selten? Weil einigen der Ruf anhängt, nicht die Wahrheit zu sagen. Oft drehen sie ihr Fähnchen mit dem Wind, um Wählerstimmen zu gewinnen. Obwohl die meisten Politiker es ehrlich meinen, leidet die Politik als Ganzes unter einigen schwarzen Schafen.

„Ehrlichkeit ist die beste Politik. Sie ist die einzige Politik."
(Harlan Rudolph)

Wir Menschen haben ein inneres Bedürfnis nach Ehrlichkeit. Wir wollen uns auf die Aussagen unserer Mitmenschen verlassen können.

Gehen Sie mit gutem Beispiel voran! Ein Optimist hält seine Abmachungen ein. Was Sie sagen, ist ehrlich gemeint. Ansonsten schweigen Sie. Je ehrlicher und authentischer Sie sind, desto besser geht es Ihnen. Ein schlechtes Gewissen ist ein schlechtes Ruhekissen!

Treffen Sie ehrliche Entscheidungen! Treffen Sie nur Entscheidungen oder Abmachungen, zu denen Sie aus vollem Herzen stehen. Halbherzige Verpflichtungen hinterlassen nur Enttäuschungen.

„Ehrlichkeit ist das erste Kapitel im Buch der Weisheit."
(Thomas Jefferson)

Halten Sie Ihre Abmachungen immer ein! Falls es Ihnen – warum auch immer - nicht gelingt, Ihr gegebenes Wort einzuhalten, gibt es nur eines: Reden Sie darüber, und zwar ehrlich! Je ehrlicher Sie in einer gegebenen Situation die reine Wahrheit sagen, desto besser ist es.

Stehen Sie zu Fehlern! Stehen Sie zu Ihren Unzulänglichkeiten! Sie sind keineswegs perfekt – auch als Optimist nicht!

Sprechen Sie offen Ihre Gefühle an. Was Sie im Herzen fühlen, ist immer richtig. Ihr Herz lügt nie!

> „Man sollte immer ehrlich spielen,
> wenn man die Trümpfe in der Hand hat."
>
> (Oscar Wilde)

Sagen Sie beständig die Wahrheit. Vermeiden Sie Notlügen, auch wenn diese manche peinliche Situation überspielen würden. Wenn Sie immer die Wahrheit sagen, werden Sie immer seltener mit Menschen zu tun haben, die das nicht tun. Ihr Umfeld verändert sich. Denn wie es in den Wald hineinruft, so schallt es heraus. Sie erleben auf einmal Menschen, die es auch ehrlich mit Ihnen meinen.

Fühlen Sie aber auch, wann und in welcher Form Ihre Mitmenschen die Wahrheit vertragen können. Ihre Ehrlichkeit in allen Ehren – doch wenn Sie den falschen Zeitpunkt, den falschen Ort oder die falschen Worte wählen, kann Ehrlichkeit mehr schaden als dienen.

Sie können Ihrem Gegenüber die Wahrheit um die Ohren klatschen wie einen nassen Waschlappen oder sie hinhalten wie einen Mantel, in den derjenige hineinschlüpfen kann, wenn er dazu bereit ist.

Zetteln Sie keine Diskussion an, wenn Ihr Partner müde ist. Ihr Schlafzimmer ist der denkbar ungeeignetste Platz, an dem Sie Grundsatzreden halten sollten. Kritik, auch wenn sie ehrlich gemeint ist, ist nur unter vier Augen angebracht. Greifen Sie den anderen nicht mit Ihren Worten an, sprechen Sie vielmehr über Ihre Gefühle. Erklären Sie ruhig die Situation, behandeln Sie Ihr Gegenüber immer mit dem nötigen Respekt. Behandeln Sie den anderen so, wie Sie selbst behandelt werden wollen.

„Sag Deine Meinung grad und schlicht,
bleib bei der Wahrheit, lüge nicht,
und zeige nimmer Dich aus List
anders, als Dir ums Herze ist."
(Albrecht Dürer)

Da es oft mehrere Wahrheiten gibt und oft zwei Meinungen aufeinanderprallen, seien Sie bereit, immer einen guten Kompromiss zu finden, mit dem beide Parteien leben können. Achten Sie aber darauf, dass Sie keine faulen Kompromisse eingehen, nur um des lieben Friedens willen. Diskutieren Sie ehrlich. Wenn Sie Wohlwollen und Sympathie ausstrahlen, gibt es immer eine Lösung, mit der alle gut leben können.

opti-Übung

Fragen Sie sich:

Welche Gespräche stehen noch an?

....

....

....

Wo oder mit wem besteht Klärungsbedarf?

....

....

....

Suchen Sie heute eine ehrliche Aussprache. Klären Sie Ungeklärtes. Machen Sie reinen Tisch! Finden Sie ehrliche Kompromisse. Beachten Sie dabei immer die vorstehenden Regeln. Spüren Sie nach den Gesprächen, ob telefonisch oder persönlich, wie gut es Ihnen geht!

Mein Tageserfolg:

....

....

„Ich bin ehrlich!"

Heute haben Sie es geschafft! Herzlichen Glückwunsch! Sie haben Durchhaltevermögen bewiesen und können wirklich stolz auf sich sein! Sie sind ein Gewinner!

Feiern Sie! Laden Sie Gäste ein und feiern Sie eine Optimisten-Party!
Teilen Sie Ihre Freude mit Menschen, die Ihnen am Herzen liegen oder die Sie in Ihrem neuen Denken über einen Monat lang begleitet und unterstützt haben!

„Ein wirklicher Freund ist das größte Gut des Herzens,
das ein Mensch auf dieser Erde haben kann.
Die Freundschaft schließt erst völlig den Ring des Glücks."
(Adalbert Stifter)

Sorgen Sie für einen schwungvollen Abend! Legen Sie Gute-Laune-Musik in Ihre Stereoanlage und tanzen Sie vor Glück!

„Wer jeden Abend sagen kann: Ich habe gelebt,
dem bringt jeder Morgen einen neuen Gewinn."
(Seneca)

Aber vergessen Sie dabei nicht, Ihr Wissen immer wieder neu zu festigen.
Sie können jederzeit einzelne Tagesentscheidungen oder gegebenenfalls das gesamte Buch wiederholen.
Dadurch erkennen Sie, welche Inhalte oder Übungen Sie schon täglich praktizieren und welche Kapitel noch weiterer Übung bedürfen.

Bitte rekapitulieren Sie – wie bereits bei der Einleitung des Übungsteiles erwähnt – die Zielsätze so lange, bis jeder einzelne 21 Tage lang von Ihnen wiederholt wurde.

Affirmationen

1. „Ich bin ein Optimist!"

2. „Ich übernehme Verantwortung!"

3. „Ich sage ‚Ja' zum Leben!"

4. „Ich denke positiv!"

5. „Ich bin wertvoll!"

6. „Ich bin ein Glückskind!"

7. „Ich finde immer eine Lösung!"

8. „Ich schaue nach vorn!"

9. „Ich folge meiner inneren Stimme!"

10. „Ich bin motiviert!"

11. „Ich weiß, was ich will!"

12. „Ich habe ein klares Ziel!"

13. „Ich erreiche alle meine Ziele!"

14. „Ich glaube an mich und meinen Erfolg!"

15. „Ich bin mit ganzem Herzen dabei!"

16. „Ich tu was!"

17. „Ich bin voller Lebensfreude!"

18. „Ich bin ein Vorbild!"

19. „Ich ruhe in mir!"

20. „Ich bin gut!"

21. „Ich bin offen für Verbesserungen!"

22. „Ich liebe!"

23. „Ich konzentriere mich auf das Wesentliche!"

24. „Ich bin voller Vertrauen!"

25. „Ich halte durch!"

26. „Ich sehe das Gute!"

27. „Ich zeige Nähe!"

28. „Ich lebe gesund!"

29. „Ich nutze meine Zeit!"

30. „Ich bin ehrlich!"

Anhang

Einige optimistische Vorbilder

Abraham Lincoln

erlebte ab seinem 30. Lebensjahr eine Pleite nach der anderen. Er verlor mehrere Wahlen, ging zweimal geschäftlich Konkurs, musste den Tod seiner Geliebten verwinden, war über Jahre schwer krank, glaubte aber trotz aller Niederlagen an seinen Erfolg, gab nie auf und wurde mit 60 Jahren zum Präsidenten der USA gewählt.

Nelson Mandela

organisierte Anfang der sechziger Jahre den Widerstand gegen die Apartheids-Politik der Regierung von Südafrika. 1962 wurde er als Staatsfeind Nr. 1 verhaftet. Auf der Gefangeneninsel Robben Island verbrachte Nelson Mandela 28 Jahre in Haft. 1990 wurde er mit allen anderen politischen Gefangenen entlassen. Vier Jahre später wurde er zum ersten farbigen Präsidenten Südafrikas gewählt.

Mahatma Gandhi

war als Kind schüchtern und kein guter Schüler. Er schlug oft über die Stränge, rauchte und trank, obwohl es ihm von seinem Glauben her strengstens verboten war. Ein Bordellbesuch und Selbstmordgedanken änderten sein Leben. Er wurde gut in der Schule, machte sein Abitur und studierte in London Jura. Obwohl immer noch schüchtern, arbeitete er als Rechtsanwalt in Bombay. Nach einem Südafrika-Aufenthalt widmete er sich in der Folge den Problemen der Rassendiskriminierung. Er blieb in Südafrika und kämpfte für die dortige indische Minderheit. Nach einem von ihm

organisierten Aufstand wurde er festgenommen und für
ein Jahr inhaftiert. Mit 45 Jahren kehrte er nach Indien
zurück, organisierte dort die indische Unabhängigkeits-
bewegung. 1942 wurde er verhaftet und verbrachte über
8 Jahre in britischer Gefangenschaft. Durch seine Initi-
ative wurde Indien 1947 unabhängig. Gandhi wurde im
gleichen Jahr entlassen und sorgte für Frieden in seinem
Heimatland.

Ray Kroc
war von frühester Jugend an ein Verkaufstalent. Eines
Tages traf er zwei Brüder, die ihm von einem Verkaufs-
konzept erzählten. Er war von der Idee der Brüder Dick
und Mac McDonald begeistert. Seine Anwälte und Bera-
ter rieten ihm dringend von einer Zusammenarbeit mit
den McDonald-Brüdern ab. Er folgte seiner Intuition,
ging die Partnerschaft ein und eröffnete 1955 sein erstes
McDonald's-Restaurant. Heute gibt es mehr als 25.000
Restaurants weltweit.

Wilma Rudolph
erkrankte mit vier Jahren an Kinderlähmung, sodass sie
ihr rechtes Bein nicht mehr bewegen konnte. Die Ärzte
gaben ihr keine Chance, jemals normal laufen zu können.
Ihre Mutter und ihre Geschwister massierten sie täglich.
Mit sieben Jahren ging Wilma das erste Mal an Krücken.
Mit elf Jahren warf sie die Krücken weg. In der Schule
entdeckte man ihr Lauftalent. Sie trainierte hart und qua-
lifizierte sich als 16-jährige für die Olympischen Spiele in
Melbourne. Mit der Sprintstaffel gewann sie Bronze. Vier
Jahre später, 1960, gewann sie drei Goldmedaillen bei der
Olympiade in Rom. Sie ging in die Geschichte des Sports
ein als „Schwarze Gazelle" – als eine Frau, die nach Ansicht
der Medizin nie hätte laufen können.

Harland Sanders

kommt am 9. September 1890 in Henryville, Indiana zur Welt. Bereits im Alter von sechs Jahren stirbt sein Vater, und die Mutter muss für die kleine Familie Geld verdienen, also wird er der Koch in der Familie. In kürzester Zeit gelingt es ihm, mit nur einfachen Zutaten leckere Mahlzeiten zuzubereiten. Seine Mutter heiratet wieder, als er zwölf Jahre alt ist. Harland verlässt sein Elternhaus und nimmt einen Job nach dem andern an. Anfang der 50er-Jahre läuft es schief. Er ist bereits über 60 Jahre alt und muss von der Sozialhilfe leben. 1952 hat Sanders einen fantastischen Einfall. Statt Brathähnchen zu verkaufen, entschließt er sich, ein eigens entwickeltes Rezept zu vermieten. Er fährt von einem Restaurant zum anderen. Überall bereitet er auf seine unvergleichliche Weise seine Hähnchen zu, die er die Restaurantbesitzer und ihre Mitarbeiter kosten lässt. Der außergewöhnliche Geschmack verfehlt seine Wirkung nicht. Wo er auch hinkommt, will man sein Geheimnis kennen, und man ist bereit, dafür zu zahlen, es benutzen zu dürfen. Mit nur einem Handschlag besiegelt er das Geschäft mit jedem Restaurantbesitzer. Für jedes verkaufte Hähnchen bekommt er 5 Cent. Nach zwölf Jahren arbeiten bereits über 600 Restaurants in den Vereinigten Staaten und Kanada nach seiner Geschäftsidee. Mit über 35.000 Restaurants in mehr als 112 Ländern ist Kentucky Fried Chicken® heute der größte Restaurantkonzern der Welt.

Thomas Quasthoff

ist Professor für Musik in Berlin und einer der ungewöhnlichsten Sänger der Gegenwart. Seine Mutter nahm während der Schwangerschaft das Beruhigungsmittel Contergan. Daher ist Thomas Quasthoff körperbehindert. Die frühe Kindheit verbringt er getrennt von seinen Eltern in einem orthopädischen Rehabilitationszentrum. Im Alter von sechs Jahren kommt Thomas ins Internat. Aufgrund seiner Behinderung wird der Forderung seines Vaters auf Regelbeschulung nicht nachgekommen, weil „ ... ein Kind mit diesem Maß an Behinderung jeden Pädagogen und den gesamten Lehrbetrieb zwangsläufig überfordern muss." Nach vielen bürokratischen Hürden gelingt es den Eltern 1967, eine Regelschule zu finden, die Thomas aufnimmt. Trotz weiterer herber Enttäuschungen verliert er nie seinen Humor, macht sein Abitur und landet nach einem abgebrochenen Jurastudium beim Rundfunk.

Neben seiner dortigen Tätigkeit bleibt ihm genügend Zeit, sich dem Gesang zu widmen und an Wettbewerben teilzunehmen. Von schlechten Kritiken lässt er sich nicht entmutigen.

Die Zeitschrift „Bunte" schreibt: „‚Singt sich zur Weltspitze hoch', resümiert ein Anonymus: ‚Er singt, als ob Gott einen Betriebsunfall wiedergutmachen wollte.'"

Im März 2003 steht der Künstler erstmals mit den Berliner Philharmonikern auf der Bühne. Es folgen Konzerte bei den Salzburger Festspielen und ein umjubeltes Debüt an der Wiener Staatsoper. Er wird mehrfach international ausgezeichnet.

Vom Deutschen Bundespräsidenten wird ihm im Oktober 2005 der Verdienstorden der Bundesrepublik Deutschland verliehen.

Rolf Zuckowski

Rolf Zuckowski ist Deutschlands bekanntester Kinderliedermacher. Kinder, Eltern und Großeltern kennen und singen seine Lieder. Besonders sein Geburtstagslied „Wie schön, dass du geboren bist" ist ein regelrechtes Volkslied geworden. Der Liedermacher wurde 1947 in Hamburg geboren.

1978 veröffentlichte Rolf Zuckowski seine erste Schallplatte für Kinder: 1982 wurden „Rolf und seine Freunde" mit dem Auftritt „...und ganz doll mich" in der Sendung „Wetten, dass..?" bundesweit bekannt. Rolf Zuckowskis Lieder sind seitdem aus dem Kinder- und Familienalltag nicht mehr wegzudenken. Seine Lieder haben regelrecht therapeutische Wirkung, denn die Kinder werden durch die Texte in ihrem Selbstbewusstsein gestärkt, fühlen sich ernst genommen und lieben die klangvollen Melodien. Rolf Zuckowski unterstützt Organisationen, die ihm nahestehen, darunter die SOS-Kinderdörfer, die Johanniter Unfallhilfe oder den Verein „Elbkinderland" mit dem Ziel eines musischen Miteinanders entlang der Elbe. 2004 gründete er seine eigene Stiftung „Kinder brauchen Musik", um Kindern aus sozial benachteiligten Verhältnissen eine aktive musikalische Kindheit zu ermöglichen. Zweimal wurde er von der Tonträgerindustrie mit dem Musikpreis „Echo" ausgezeichnet. 2005 wurde ihm für sein unermüdliches Engagement für die musikalische Förderung von Kindern das Bundesverdienstkreuz verliehen.

Mütter
vollbringen tagtäglich Höchstleistungen, zeigen Verantwortung, geben Liebe und Geborgenheit, versorgen die ganze Familie, sind Ansprechpartner für Sorgen aller Art, geben Mut und Zuversicht. Sie sind die wahren Stützen unserer Gesellschaft.

Lösungen

Übung Seite 92f.:

Falsch:
„Ich werde einen neuen Job finden."
Richtig:
„Ich habe einen Beruf, der mich begeistert und erfüllt."

Falsch:
„Ich bin nicht mehr krank."
Richtig:
„Ich bin vollkommen gesund."
Bei einer schweren Erkrankung: „Mir geht es von Tag zu Tag immer besser und besser."

Falsch:
„Ich will nicht mehr allein sein."
Richtig:
„Ich lebe in einer erfüllenden Partnerschaft."

Falsch:
„Ich habe keinen Husten mehr."
Richtig.
„Meine Atemwege sind frei. Ich fühle mich rundherum wohl."

Falsch:
„Ich höre auf, ein Versager zu sein."
Richtig:
„Ich erreiche alles, was ich wirklich will. Ich bin ein Gewinner."

Falsch:
„Wir dürfen nicht verlieren."
Richtig:
„Wir gewinnen."

Falsch:
„Ich verzichte ab morgen auf Alkohol."
Richtig:
„Ich lebe bewusst und gesund. Ich übernehme Verantwortung für mein Leben."

Übung Seite 136:

Verändern Sie folgende Glaubenssätze ins Positive:

Negativ:
„Ich kann im Leben nicht alles erreichen."
Positiv:
„Ich erreiche alles, was ich will."

Negativ:
„Man kann sich nicht alle Wünsche erfüllen."
Positiv:
„Ich erfülle mir alle Wünsche, die mir wichtig sind."

Negativ:
„Erfolg zu haben ist mühsam."
Positiv:
„Erfolg zu haben ist einfach."

Negativ:
„Im Leben wird man immer enttäuscht."
Positiv:
„Ich bin voller Vertrauen."

Negativ:
„Krankheiten sind unvermeidbar."
Positiv:
„Ich bin für meine Gesundheit selbst verantwortlich."

Negativ:
„Ich bin nichts wert."
Positiv:
„Ich bin wertvoll. Ich bin einmalig."

Ich danke ...

... meinem Freund und Partner Siegfried Höchst für die wertvolle Zusammenarbeit! (Bin gespannt, was wir gemeinsam noch so alles auf die Beine stellen!)

... meiner besseren Hälfte Meite für ihre Liebe, ihr immer offenes Ohr und ihre Ideen. Schön, dass es sie in meinem Leben gibt!

... Ulrike, der besten Sekretärin Deutschlands.

... Stefanie, die bei der Geburtsstunde der Optimisten-Idee dabei war.

... Brigitte, die als Lektorin exzellente Arbeit leistet.

... der Werbeagentur Ercas aus Erlangen für die wertvolle Kooperation bei unserer gemeinsamen Aktion „Optimisten-für-Deutschland".

... dem Schirner Verlag in Darmstadt für das Engagement und die so unglaublich schnelle Umsetzung des Buchprojektes.

Peter Breidenbach, bekennender Optimist, gehört zu Deutschlands vielseitigsten und beliebtesten Persönlichkeitstrainern. Der gelernte Rechtsanwalt, Heilpraktiker und frühere Leistungssportler widmet sich seit 1986 neben der Lehre der Paragraphen dem Bedürfnis der Menschen nach modernen Erkenntnissen der Kommunikation, gesunder Lebensführung und rechter Menschenkenntnis.

Sein Angebot umfasst Coaching in familiären, partnerschaftlichen, rechtlichen, beruflichen und gesundheitlichen Fragen, Seminare, Ausbildungen, Ferienakademien und des weiteren Intensiv-Coaching von Firmen und Spitzensportlern aus dem In- und Ausland.

Im März 2000 gelang ihm der Guinness-Weltrekord in „24 Stunde freie Rede" und im Jahr 2003 gründete er die Friedensinitiative „LichtPunktNeun – Gemeinsam für den Frieden". 2009 rief er als Mitinitiator die Aktion „Optimisten für Deutschland" ins Leben.

Für weitere Fragen oder Informationen zu den Optimisten-Veranstaltungen stehen folgende Kontaktdaten zur Verfügung:

Adresse: Breidenbach-Akademie
Lehrer-Löhlein-Weg 6
91336 Heroldsbach
Tel/Fax: +49-(0)9190-997333/ -997334
Email: info@breidenbach-akademie.de
Webseiten: www.breidenbach-akademie.de
www.optimisten-fuer-deutschland.de
www.opti-vz.de